The Notes on Japanese Modern Architecture

モダニズム建築紀行

日本の戦前期・戦後1940～50年代の建築

松隈 洋
Hiroshi MATSUKUMA

六耀社

はじめに

二〇一六年は、モダニズム建築（Modern Architecture）をめぐる社会的な評価に新たな一ページを開いた記念すべき年として記憶されることだろう。七月一七日、トルコのイスタンブールで開かれたユネスコ（国連教育科学文化機関）の委員会が、二〇世紀に世界的な規模で展開された「近代建築運動（Modern Movement）への顕著な貢献をした」として、フランス人建築家のル・コルビュジエ（一八八七〜一九六五年）の手がけた東京・上野の国立西洋美術館（一九五九年）を含む、七ヵ国に点在する一七件の建物を、一括して世界遺産に登録することを決議したからである。

ユネスコの世界遺産といえば、誰もが、ピラミッドやパルテノン神殿、アルハンブラ宮殿やシャルトル大聖堂、法隆寺や清水寺などを思い浮かべるだろう。そんな悠久の時を重ねてきた古代遺跡や歴史的建造物ではなく、鉄とガラスとコンクリートでつくられた二〇世紀の建築が、なぜ世界遺産に選ばれたのか。不思議に思う人も多かったに違いない。しかし、世界遺産の評価の枠組みも刻々と変わりつつある。背景には、二一世紀に入り、二〇世紀が歴史化される一方で、この時代の建築が次々と失われ、このままでは、現代の生活環境を形づくる直接の源流であったモダニズム建築の文化が、共有されることなく歴史から消滅してしまうことへの危機感があるのだろう。

そのことは、二〇〇五年に、ユネスコの試問機関であるイコモス（国際記念物遺跡会議）

の中に、二〇世紀遺産に関する国際学術委員会が設置されたことにも象徴される。そして、これまでに、アントニオ・ガウディのサグラダ・ファミリア教会やグンナール・アスプルンドの森の墓地、ブルーノ・タウト他のベルリンの近代集合住宅群やヴァルター・グロピウスのバウハウスと関連遺産群、オスカー・ニーマイヤーの新首都ブラジリアやヨルン・ウッツォンのシドニー・オペラハウスなど、二〇世紀のモダニズム建築一六件が世界遺産に登録された。だが、その四分の三は今世紀に入ってからの登録なのである。

今回のル・コルビュジエの建築作品群の世界遺産への一括登録は、こうした動きを決定づけるような意味をもっている。すなわち、私たちの身近な日常生活の骨格をつくり上げてきたモダニズム建築運動そのものに、歴史的な価値の光をあてたことに、画期的な意義があるのだと思う。そのことは、選ばれた一七件の建物の内訳からも読み取ることができる。住宅と集合住宅が一一件を占めており、後は文化施設二件、宗教施設二件、工場一件、都市計画一件に過ぎないのだ。この住まいを中心に据えた選定の意味を正確に理解するには、彼のめざしたモダニズム建築が誕生した歴史的背景と、引き受けようとした社会的使命に着目する必要があるだろう。

ル・コルビュジエが独学で建築を学び、建築家を志した二〇世紀初頭は、産業革命による重工業の発達や都市への人口集中によって、生活環境の劣悪化が急激に進んだ時代だった。また、一般市民を巻き込む史上初の悲惨な総力戦となった第一次世界大戦によってヨーロッパの多くの都市は破壊されて深く傷つき、大量の住宅不足にも陥っていた。そんな中、彼は、形骸化したそれまでの様式建築に代わって、新しい建設技術であった鉄筋コンクリートの構造体と大量生産される建築材料とを使って、建築のつくり方を根本から変革することによって、生活環境の機能的で原理的な改善をめざそうと決意する。その試みの最中の一九三七年に出版された著書の中で[*]、ル・コルビュジエは、「建築とはけっして虚栄ではなく、健康で正しく真に値打のあるものでなければならない」「建築とは？　身を護る場を作ることです。誰のために？　人間のためにです」と記したように、その目的は、「人間のための建築」をつくることにあったのである。

こうして、彼やドイツの造形学校バウハウスを創設したヴァルター・グロピウス（一八八三〜一九六九年）らが中心となって、ヨーロッパで産声をあげたモダニズム建築は、一九二〇年代から世界的な潮流となっていく。そして、より過酷な第二次世界大戦の戦禍を間にはさんで、一九六〇年代までのおよそ半世紀にわたって、少しずつ変化を遂げながらも、それぞれの国に定着して根づいていった。モダニズム建築には、このような歴史的難題に立ち向かうべく、先駆者たちが担おうとした社会的使命が刻印されていることを忘れてはならないと思う。また、だからこそ、草創期のモダニズム建築には、目の前で起きていた戦争や革命といった血を流す暴力的な方法ではなく、建築によって社会をより良いものに変革しようとする希望と明るさが込められていたに違いない。西洋美術館と共に世界遺産に登録されるル・コルビュジエの初期の代表作であるサヴォア邸（一九三一年）や、すでに一九九六年に世界遺産に登録されたヴァルター・グロピウスのバウハウス・デッサウ校舎（一九二六年）の白く輝く明晰な姿からも、そのことは読み取れる。

けれども、残念なことに、様式建築に比べて、モダニズム建築の価値は見えにくい。それは、宗教や権力、財力の集中によって、贅を尽くして築かれた記念碑的な様式建築とは異なり、モダニズム建築が、時代の要請に応えながら、経済的に見合う合理的な方法によって生み出されてきた経緯がもたらすジレンマでもある。工業化を前提とする普遍性をもつ方法だからこそ、私たちの日常生活を支えるごくありふれた建物にも広く普及し、結果的に、その多くが通俗的なものの中に埋もれてしまっている。また、普段着のように日常的に使われているがために改変されやすく、工業製品からつくられているがために物質的に時間の試練に耐えられない弱さと傷みやすい性質ももっている。

しかし、そこには、身の丈にあった簡素で豊かな質感が備わっており、日常生活にごく自然に溶け込む居心地の良さも感じられる。同時に、建物の内部と外部の空間が隔絶されることなく、一体となって光と風が通り抜ける。これらは、それまでの権威的で重厚な様式建築にはなかったモダニズム建築が切り拓いた特徴と言えるだろう。そして、重要なのは、工業化を前提とする生活空間の創造という枠組みは、続く一九七〇年代のポスト・モダンと呼ばれた時代を経た現在においても、ほとんど変わっていないことである。それは、すなわち、私たちには、ここに手にした一〇〇年足らずのモダニズム建築以降の蓄積の中から、これからの生活環境のあり方を模索するしか方法がない、ということを示している。そう考えるとき、ル・コルビュジエら先人たちが遺した建築がもっている意味の重要性にも気づかされる。

本書は、こうして始まったモダニズム建築が、日本でどのように展開されていったのか、を確かめたいと、各地の建物を訪ね歩いた紀行文の連載を編集したものである。冒頭にある様式建築の時代の末尾を飾る東京駅（一九一四年）を除いて、一九二〇年代から一九七〇年代までを中心に、八八件を取り上げている。年代順に組み直してみると、これらの建物が、日本近代の激動の歴史を目撃した時代の証言者でもあることが見えてくる。

そこには、一九二三年の関東大震災の復興に始まり、一九三七年の日中戦争から一九四一年の太平洋戦争を経て一九四五年に敗戦を迎え、その後戦後復興から高度経済成長へと上りつめ、一九六四年の東京オリンピックと一九七〇年の日本万国博覧会を実現させ、一九七三年のオイルショック、そしてバブル経済が始まる直前までの歴史が刻まれている。また、建物の用途を見ると、小さな住宅から学校、オフィスビル、役場や庁舎、病院、郵便局や電話局、図書館、銀行、駅などの生活を支える施設や、美術館や劇場などの文化施設、浄水場や工場などの産業施設まで、身の回りにあるほとんどすべての建物が含まれていることにも気づかされる。まさしく、これらの建物は、私たちの暮らしのかたちを規定し、日々の生活を支えてきたものばかりなのである。そのため、留意しようと思ったのは、設計者の残した言葉を手がかりにして、その建築がどのような時代の課題を引き受け、どのような方法を提示したのか、を読み解くことだった。

この巻では、一九二〇年代から一九五〇年代までを取り上げる。過去の様式建築の良さを併せもった村野藤吾の建築から、白い箱のモダニズムへ転換を遂げていく流れと、戦時中と敗戦後の資材統制下の木造による試み、戦争の記憶を刻んだ記念碑的な建築から、一九五〇年の建築資材統制の解除を受けていっせいに開花するモダニズムの方法を体現した透明感のある建築へ、そして伝統論争を踏まえたコンクリートによる造形まで、清新な建築が次々と誕生していく時代である。

それでは、モダニズム建築を訪ね歩くことにしよう。

＊ル・コルビュジエ著、生田勉・樋口清訳『伽藍が白かったとき』岩波文庫、二〇〇七年

目次

II　１９５０年代

＊本書で紹介された建物のなかには、２０１６年10月時点で、すでに解体されたもの、および解体中のものなども掲載されています。

後編目次内容

I

戦前期・戦後復興期

一八六八年の明治維新以降、近代化を急いだ日本は、西欧に学び、様式建築によって都市の姿を整え始める。しかし一九二〇年代に入ると、堀口捨己や山田守ら、一九二〇年に東京帝国大学建築学科の卒業生六名が結成した分離派建築会に象徴されるように、自由な建築表現を求める動きが出てくる。一九二三年に竣工したF・L・ライトの帝国ホテルは、空間芸術としての建築の姿を示し、日本人建築家に多大な影響を与えた。だが、同年に東京を襲った関東大震災は木造や煉瓦造の建物を壊滅させ、鉄筋コンクリート構造への転換を迫る。そして同じ頃、モダニズム建築の思想が移入され、一九三〇年代にかけて大きく花開いていった。しかし一九三七年の日中戦争によって中断され、一九四五年の敗戦をはさんで、一九五〇年まで木造バラックの時代が続く。こうした厳しい時代の中で、震災復興と戦後復興に立ち向かう良質なモダニズム建築が生み出されていったのである。

1914-1949

一九一九年　市街地建築物法、都市計画法公布
一九二〇年　分離派建築会結成
一九二三年　関東大震災
　　　　　　帝国ホテル竣工
一九二五年　普通選挙法、治安維持法公布
　　　　　　『新建築』創刊
一九二九年　世界大恐慌
一九三一年　満州事変
一九三三年　国際連盟脱退
　　　　　　ブルーノ・タウト来日
一九三七年　日中戦争、建築資材統制が始まる
一九三八年　国家総動員法公布
一九四一年　太平洋戦争開戦
一九四五年　敗戦
一九四六年　日本国憲法公布
一九四八年　建設省発足

東京駅

一九一四年竣工　東京都千代田区丸の内

設計　辰野金吾

日本近代一〇〇年を目撃した駅舎の今

二〇一四年十二月、東京駅は竣工から一〇〇年という節目を迎えた。これを記念して、駅舎構内にある東京ステーションギャラリーで、「東京駅一〇〇年の記憶」と題する展覧会が開催された。考えて見れば、めまぐるしく激動を続けてきた東京の中心にありながら、中央駅として現役のまま、一〇〇年という時の蓄積を果たしたこと自体、奇跡にも思える。一方、世界史に眼を転ずれば、竣工した一九一四年は、国民を巻き込む史上初の総力戦となった第一次世界大戦の勃発した年である。すなわち、それは、東京駅が日本近代一〇〇年の貴重な目撃者でもあったことを意味する。

竣工から九年足らずの一九二三年九月一日には、関東大震災に遭遇する。設計者の辰野金吾（一八五四〜一九一九年）はすでに亡くなっていた。しかし、鉄骨レンガ造という耐震性を考慮した構造であったために、ほとんど損傷を受けず、被災者の避難所にもなったという。だが、続く太平洋戦争末期の一九四五年五月二五日には空襲によって大半を焼失

辰野金吾　たつの・きんご(1854—1919)
佐賀県生まれ。工部大学校(現・東京大学工学部)卒業。ジョサイア・コンドルに師事。1898年東京帝国大学工科大学学長就任。伊東忠太、武田五一ら多くの後進を育てた。工手学校(現・工学院大学)創立を推進。代表作に「日本銀行本店」「東京駅」など。

し、壊滅的な状態で敗戦を迎える。それでも、当時の技術者たちの懸命の努力によって戦後ただちに復旧工事が施され、一九四七年三月に復興を遂げる。この時、応急措置として、やむを得ず左右のドームが木造トラスの三角屋根となり、両翼部分も三階が二階へと減築されて、スリムで直線的な姿へと生まれ変わった。そして、この戦後形の東京駅は、戦災

復元工事前の東京駅丸の内北口の外観

「丸の内駅舎が甦る」と書かれた仮囲いと
解体直前の東京中央郵便局(右)

復興の過酷な時代から、高度経済成長とオイルショック、バブル経済とその崩壊を経て、世紀を越えた二〇〇七年までの六〇年間、そのままの形で休むことなく稼働し続けてきたのである。だからこそ、そこには戦後を生きる人々のさまざまな思いがその都度投影されているのだと思う。

取り壊しの危機を乗り越えて

そんな日常の風景に溶け込んだ歴史の中で、東京駅は取り壊しの危機に幾度となく晒《さら》されてきた。一九八七年、多額の赤字を抱えた国鉄が分割民営化される。そして、これを受けて、バブル経済を背景に東京駅とその周辺を再開発する計画が動き出し、東京駅は最大の危機を迎える。しかし、この時、共に戦後を歩んだ東京駅に思いを寄せる有志が立ち上がり、「赤レンガの東京駅を愛する市民の会」を結成し、粘り強い保存運動をスタートさせる。一〇年以上に及ぶその地道な活動が実を結んだ成果なのだろう。二〇〇三年には、東京駅は、晴れて国の重要文化財に指定される。そして、五年の歳月をかけて耐震改修と復元工事が施され、二〇一二年に創建時の姿に甦った。

こうして、新生した東京駅は、たくさんの人々が訪れる観光名所にもなっている。けれども、その一方で、ある外国人記者は、その姿を次のように酷評したのである。

「東京には長年にわたる「リノベーション」の名を借りた「文化・芸術の破壊」の歴史がある。(中略)最近では東京ステーションホテルが改装された。改装前の面影はほとんどなく、東京ディズニーランド駅とでも呼びたくなるような、作りものっぽさが目立つ姿になってしまった。」
（レジス・アルノー「東京に残る伝統美を『破壊者』から守れ」『ニューズウィーク日本版』二〇一四年八月一日号）

この批評をどう受けとめればよいのだろうか。私事ながら、戦後形の素朴な三角屋根に慣れ親しんだ経験と、復元工事直前の二〇〇五年に東京ステーションギャラリーで開催された、「生誕一〇〇年前川國男建築展」に携わったこともあって、復元された東京駅の姿に、私自身も違和感を覚える。何かが失われた感覚がどうしても拭えないからだ。赤レンガの保存運動に代表委員として加わった建築史家の稲垣栄三（一九二六〜二〇〇一年）は、保存運動の最中の一九九二年に、東京駅の歴史的価値を論じた文章の中で、「外観をもとの姿に復元することが現在考えうる最良の選択ではないかと思う」と記しながらも、保存方法の抱える根本的なジレンマについて、次のように指摘していた。

「問題は、東京駅を現在のまま残すのか、戦前の姿に戻すかということである。辰野葛西建築事務所の設計した東京駅が健在であったのは三十一年間にすぎないが、戦災復旧後の姿ですでに四十五年が経つ。一つの建物を残すことは、その建築が経験してきたすべての時代の痕跡を尊重することから始まる。（中略）戦災復興の工事は多くの人々の努力の結晶であるし、また戦後の東京駅には市民によって親しまれてきた歴史もあるので、慎重な扱いが必要である。」
（赤レンガの東京駅を愛する市民の会編『赤レンガの東京駅』岩波ブックレットNo.258

一九九二年）

ここには、東京駅の生きられた歴史をどうとらえるのか、という視点が提示されている。東京駅は、一九〇五年の日露戦争の勝利をきっかけに国家の威信の象徴として建設された。しかし、その後の震災と戦災によって傷つき、戦後に入ると、むしろ、市民と共に歩む民衆駅として親しまれてきたのである。その歴史全体をどう理解し、その延長に何を施し、どういう形に手を入れるのか、が問われていたのだと思う。気がつけば、二〇〇〇年代に加速した都市の再開発によって、東京中央郵便局や丸ビル、新丸ビルなど、東京駅と共に街並みを形づくってきた周囲の建築群はすべて超高層ビルに建て替えられていた。唯一残った東京駅は、その喪失感を今も問い続けている。

旧・京都中央電話局

一九二六年第一期・三一年第二期竣工　京都市中京区烏丸通姉小路下ル

設計　吉田鉄郎

控えめな建築に託されたもの

京都の烏丸御池《からすまおいけ》の街角に、重厚でいて穏やかな表情を醸し出す周囲とは異質な建築が建っている。それが、東京中央郵便局（一九三一年）や大阪中央郵便局（一九三九年）で知られる逓信省営繕課技師の吉田鉄郎（一八九四〜一九五六年）の設計によって、今から九〇年前の一九二六年に第一期が竣工した京都中央郵便局である。その後、一九三一年に第二期が竣工し、六〇年以上にわたって京都の電話事業の中核施設として使われてきた。

おそらく、そのような歴史が蓄積されてきた結果なのだろう。一九八三年には、京都市の登録文化財の第一号に指定された。しかし、電話交換機の小型化が進んで局舎としての機能が失われたため、一九八〇年代末に、烏丸通に面する西面と北側の部分を残して過半が取り壊され、未使用の状態が長く続いていた。そして、二〇〇一年には、跡地に鉄骨造の増築棟が建設されて、新風館という暫定利用の複合商業施設として生まれ変わった。この増築では、文化財としての価値を損わないように、腰窓の高さに合わせて増築の床のレ

吉田鉄郎　よしだ・てつろう（1894—1956）
富山県生まれ。1919年、東京帝国大学卒業後、逓信省営繕課に入省。「東京中央郵便局」「大阪中央郵便局」など逓信建築の礎を築く。1946年日本大学教授就任、一方ドイツ語で日本建築や文化を海外に紹介した。

ベルを設定するなど、周到な設計上の工夫が施された。

吉田が心打たれた「平和な情景」

それから一五年、いよいよ本格的な再開発に着手するために、二〇一六年三月末をもって新風館は閉館し、増築棟が取り壊された。新聞報道によれば、東側に七階建ての建物を新築し、旧館部分も併せて、約一九〇室の高級ホテルに生まれ変わるという。

そんな動きを目前にして、ここで改めて見つめ直しておきたいのは、一九一九年に東京帝国大学建築学科を卒業し、逓信省の建築技師として数多くの建築を手がけた吉田がどのような建築を求めたのかである。そのことを知る上で一つの手がかりとなる彼の記した次のような文章がある。

「日本の芸術では一般に個性よりも型が尊ばれる。それは個性を尊重しないのではなく、個性を型に入れて鍛錬し、普遍的なもの、永遠的なものに高める為である。日本建築、殊に日本住宅などが類型化されているのはいろいろの理由があらうが、矢張り日本芸術に共通したこの鍛練的精神と密接な関係があるやうに思ふ。つまり、建築家の個性を自由奔放に表現するよりも、型によって抑え、型を通して滲み出させる所に精神的な、倫理的な、高い美しさを求めようとするのであらう。(中略)実際、類型的な日本住宅で統一された住宅街などを見ると、いかにも落着いた、平和な感じに打たれるのである。そこには異常なもの、特別なものを建てて隣人の心を刺激したり、傷つけたり、引け目を感じさせたりするのを好まない、深い慎みと温かい思遣りが感ぜられる。又、地方の町や農村を見て感ぜられる事も、矢張り類型的な町屋が軒を並べてゐたり、類型的な農家が群をなしてゐたりする所から生ずる、町なり村なり全体としての統一した、平和な情景である。」

（吉田鉄郎「建築意匠と自抑性」『建築雑誌』一九七七年十一月号）

烏丸通側の正面外観

北側の足元部分

この文章は、戦時下の一九四二年に、丹下健三（一九一三〜二〇〇五年）が一等を獲得して注目を集めた大東亜建設記念営造計画コンペの審査結果が掲載された建築学会の機関誌『建築雑誌』のために執筆された。しかし、何らかの理由で掲載されず、彼の書斎から教え子の矢作英雄が発見し、吉田の没後二一年目にようやく日の目を見た幻の原稿である。文中の「平和な感じ」「平和な情景」という言葉には、大東亜共栄圏を象徴する勇ましい建築を求めた戦時下の建築界の性急な動きに対する抵抗の意志が込められていたのだと思う。吉田は、続く文章で次のような指摘も行っていた。

「しかし今日の都市には斯うした親和的なものが余りと言へば余りにも失はれ、個人主義的なもの、自由主義的なものがこれに代って瀰漫してゐる。どの建築も自分自身を目立たせる為には周囲との調和や街全体としての統一美などといふ事は全く顧みないといふ有様である。」

建築は建築家の個性の記念碑であってはならない

吉田は、同じ文章の中で、自ら翻訳を進めていたデンマークの建築家S・E・ラスムッセン（一八九八〜一九九〇年）の著書『北欧の建築』から、「建築はある特殊な建築家の個性の記念碑であってはならない。それは日常生活に従属し、且つ全く自然的に、少しの押しつけがましさもなくその環境に順応せねばならない。私達は謙抑こそ装飾である事を認識したのである」という言葉を引用していた。因みに、この著書は、やはり吉田没後の一九七八年に、逓信省の後輩だった森田茂介の尽力によって、鹿島出版会から出版されている。

ここで、吉田の記した言葉に、彼の一学年後輩で、一九二〇年に、東京帝国大学を卒業した同級生五人と共に、日本の近代建築運動の先駆をなす分離派建築会を立ち上げた堀口捨己（一八九五〜一九八四年）の次の言葉を対置するとき、吉田の孤独な立ち位置が見えてくる。

「建築は芸術でなければなりません。そしてその芸術とは私は表現であると思います。」（堀口捨己「建築に対する私の感想と態度」『分離派建築会作品集』岩波書店、一九二〇年）

堀口は、吉田とは対照的に、建築は私を表現する「芸術」と見なしていたのである。そして、その後の建築は、吉田が危惧したように、「親和性」や「統一美」を失っていく。私たちは吉田の求めた建築の意味を共有できているのだろうか。そのことを思いつつ、彼の遺した旧・京都中央電話局の行方を見守りたい。

森五商店東京支店（現・近三ビルディング）

一九三一年竣工　東京都中央区日本橋

設計　村野藤吾

都市を見つめ続けた建築家のデビュー作

二〇一〇年十月末、東京・日本橋に、多目的ホールと店舗等からなる複合商業施設、コレド室町がオープンした。二〇〇二年に制定された都市再生特別措置法の適用を受け、現行の一・七倍に及ぶ一三〇〇パーセントの容積率を有する超高層ビルである。日本橋界隈の景観は、日本橋三井タワー（二〇〇五年）を画期として、この一〇年足らずの間に激変した。そんなあわただしい時代の中で、ここで紹介したいのは、その街区からわずか二〇〇メートル先に一九三一年に竣工した、村野藤吾（一八九一～一九八四年）のデビュー作、森五商店東京支店である。満州事変が勃発し、戦争へと突き進む暗い時代に竣工しながらも、戦災を免れ、戦後には貸ビルに転換して増築と改修を施されつつ、村野と共に歩んだ創業者の遺志を受け継いで大切に守られてきた。竣工当時を知る前川國男（一九〇五～八六年）が、「ひじょうに感心した。当時一番印象の深い建物だった」（前川國男『一建築家の信條』晶文社、一九八一年）と回想したその端正なたたずまいは、今も健在である。

村野藤吾　むらの・とうご（1891—1984）
佐賀県生まれ。1918年、早稲田大学建築学科卒業後、渡辺節建築事務所に入所。29年に村野建築事務所を開設。代表作に「大阪十合百貨店」「渡辺翁記念会館」「迎賓館本館の改修」「世界平和記念聖堂」など。

江戸通りから見る南東側の外観

エントランスホールの天井

一九一八年、早稲田大学を卒業した村野は、大阪の渡辺節（一八八四〜一九六七年）の事務所に一一年間勤務して一九二九年に独立、翌年、大阪そごう（一九三五年）の基本設計を終えて、百貨店視察を目的に欧米へと旅立つ。そして、帰国後最初に手がけたのが森五だった。後年、欧米視察を振り返った村野の次のような発言が残されている。

「オランダでは拙作森五商店（近三ビル）の参考になったデュドックの新聞社が印象的でした。タイルの色、窓の美しさです。そのころ日本では窓を深くすることが一般的だったので、これには影響されました。」
（佐々木宏編『近代建築の目撃者』新建築社、一九七七年）

美しく見えるために修練を重ねる

興味深いことに、倉敷の大原美術館分館や倉敷国際ホテルを手がけた浦辺鎮太郎（一九〇九〜九一年）と同じく、村野もまた、オランダの建築家デュドックに惹かれ、当時としては斬新な、森五の大きな特徴となる、奥行の浅い窓回りのデザインと茶褐色のタイルは、彼の建物に範を得ていたのである。それにしても、竣工時に四〇歳を迎えた若き村野の第一作の完成度には驚かされる。渡辺節の下で何を学んだのだろうか。一九六一年のラジオ放送の中で、村野は次のように回想している。

「渡辺先生のところで修業してよかったと思うことは、どういう狙いをしたら、美しく見えるかという練習をしたということだと思います。例えばモールディングなんかの場合でも、線の美しさ、陰影の美しさというものの、ほんの細かいところまで、いささかもゆるがせにしないというやり方なんです。しかし、これはスタイリッシュな建築の本当のこつといっていいでしょうね。つまり味なんですよ。そうやると、本当の味わいが出てくることになるわけですね。」

（「明暗と孤独を好む建築家」『復刻建築夜話』日刊建設通信新聞社、二〇一〇年）

村野は学生時代から先進的な建築デザインに憧れ、ドイツとオーストリアに興った芸術の革新運動セセッション（分離派）の影響の下で自由な造形をめざしていた。そんな村野にとって、様式的なもの以外は認めようとしなかった渡辺節の下での仕事はさぞかし苦痛だったことだろう。しかし、「だんだんとスタイリッシュな建築が面白くなって」きたのだという。森五に見られる繊細な立面の処理や外壁の頂部を鋭く印象づける突出したパラペット*回りのディテールはこうした修練を経て習得されたものなのだ。また、竣工当時、パラペットは下部に仕込まれた照明によって夜間にライトアップされていたが、そこには、同じ放送の中で村野が語っているように、建築学科に移る前に在籍した早稲田大学電気科で舞台照明を志し、劇場や舞台照明を見て歩いた経験が活かされていた。

くすんだ鉛色を好んだ背景にあるもの

さらに、村野は、製鉄所のある町、福岡県八幡市での幼少期を振り返って、次のように述べている。

「私の作品は、自分にもよくわかりませんけれども、何か少し線が細い、それから少し鋭いところがあるでしょう。これはやはり製鉄所の鉄の感じで、工場建築の影響じゃないかと思うんです。それから、（中略）私個人としては白い色にはあまり興味が持てませんので、なかなか使わないんです。そして好んで使う色は大体において、くすんだ鉛色が多いんですね。私、そういう色がつい好きなせいでもあるでしょうが、一面やはり、八幡の影響じゃないかと思います。」（同前）

こうして見てくると、村野はあらゆる経験をそのデビュー作に注ぎ込み、「私に何ができるのか、という不安」を抱えつつ、施主の期待に応えたのである。二〇〇二年、その創業者の子息として現在までこの森五ビルを大切に守ってきた近三商事株式会社会長の森郁二氏に話を聞く機会があった（神戸嘉也「『森五ビル』の設計と改修」『村野藤吾建築設計図展4カタログ』京都工芸繊維大学美術工芸資料館、二〇〇二年）。村野の先を見通した公正な考え方と親切な言葉に尊敬の念を抱いたという森氏は、彼の遺した建物への愛着を静かに語られ、見学後の屋上で、東京はどうなっていくのでしょうかね、とつぶやかれた。その言葉どおり、東京の街は激変を続けている。しかし、森五ビルには、都市の姿を見つめ続けた村野と施主の信頼が結実した建築本来の落ち着きが感じられる。そこにこそ、都市の未来が約束されているのではないだろうか。

＊パラペット　笠木。建物の屋上や陸屋根の端の部分につくられた低い壁

北國銀行武蔵ヶ辻支店

一九三二年竣工　石川県金沢市

設計　村野藤吾

村野藤吾の初期作品の意味するもの

近代建築が町の景観を形づくる文化遺産として見直されつつあるのではなかろうか。古都・金沢に残る村野藤吾の小さな建築、北國銀行をめぐる推移に、そんな思いを強くした。二〇〇九年に百貨店としてはじめて重要文化財に指定された髙島屋東京店に呼応するかのように、また一つ村野の建築が新たな役割を与えられて再生された。

この建物は、元の名称を加納合同銀行本店といい、一九三二年四月に竣工している。設計者の村野が、前年に完成した独立後の第一作、森五商店東京支店（現・近三ビルディング）に引き続いて手がけた初期の建築である。竣工当時、村野は四〇歳、若々しい時代の現存する貴重な作品の一つになる。敷地は、金沢駅から約一・二キロメートル、交通の要所である武蔵ヶ辻の交差点に面しており、後方には市民の台所として三〇〇年近く親しまれてきた近江町市場を控えている。今も一部に古い木造の家並みが残るが、竣工当時は真新しい西洋風の近代建築として人々の目を引いたことだろう。その後、銀行の合併によっ

村野藤吾　むらの・とうご（1891—1984）
→p.24参照

て、一九四三年に北國銀行となったものの、建物自体は大切に使われてきた。しかし、前面道路の拡幅計画によって存続の危機に立たされる。こうした中、市場の再開発事業に組み入れる形で曳家《ひきや》と免振化が施され、保存再生が実現したのである。そこには、街角の建築として、長く愛着を抱いてきた人々の思いが込められていたに違いない。

こうして、二〇〇九年三月、再開発事業による大規模な市場の改築工事が完了し、銀行の内部も、より地域とのつながりを求めて、一階にはカフェが設けられ、使われていなかった三階の集会室と会議室は、改修工事が施されて、地元のNPO法人「金沢アートグミ」(理事長:真鍋淳朗金沢美術工芸大学教授)の企画運営するギャラリーとしてスタートしたのである。そして、そのオープニング企画展として、村野藤吾の設計原図と金沢に縁のある現代作家の山本基《もとい》(一九六六年〜)の塩を用いたインスタレーションによる展示「村野藤吾×山本基展」が行われた。

独立するまでの経験が生きる

実は、この建物には、二〇〇二年の夏にも訪れたことがあった。筆者の所属する大学で、「村野藤吾の初期作品をめぐって」をテーマに開催した「第四回村野藤吾建築設計図展」の際、この建物を取り上げ、現地に取材したからである。銀行では大切に保管されていた原図や竣工写真を拝見し、メンテナンスを担当してきた施工会社の現場所長から話をうかがうなど、収穫も多く、原図は借用して展示させていただいた。当時、曳屋保存という方針をお聞きしていたが、そのとおりに実現し、新装なったギャラリーで、今度は大学所蔵の原図が展示されたのである。ただ一つ残念に思えたのは、ギャラリーの内装デザインが村野の持ち味を継承する歴史的検証を経たものでは必ずしもなかったことだ。今後、近代建築の再生利用の増加が予想されるだけに、その価値を見定め、より良い形で継承する保存技術の蓄積が重要になると思う。

ところで、この建物のデザインは、どこから発想されたものなのだろうか。よく知られ

建物全景

正面入口回り

ているように、そこには、彼が出世作となるそごう百貨店（一九三五年）の基本設計を終えた一九三〇年に視察に訪れた北欧建築からの影響が読み取れる。北國銀行の営業室は、最も感激したというスウェーデンの建築家、ラグナル・エストベリ（一八六六～一九四五年）のストックホルム市庁舎（一九二三年）を彷彿《ほうふつ》とさせるし、この建物の初期の外観スタディ図には、エリエール・サーリネンのヘルシンキ中央駅（一九一四年）に似たデザインも描かれている。けれども、こうした直接的な影響以上に重要なのは、村野の大学から独立までの経験だったのだと思う。そして、もしかしたら、船底形に抉《えぐ》られた尖りアーチの連続する特徴的な外観には、大学時代の恩師・佐藤功一（一八七八～一九四一年）が監修し、佐藤武夫（一八九九～一九七二年）が実施設計を担当して直前に竣工した早稲田大学大隈記念講堂（一九二七年）を乗り越えようとする意志が働いていたのではないか。

「心のなかの光と影」に思いを寄せる

ある座談会で、佐藤について聞かれた村野は、「非常に影響を受けました。（中略）然し嫌われものでもありました、私はいうことをなかなか聞かないものですから」と述べている。在学中の村野は、様式主義への反発から、セセッションなど自由なデザインばかりを描いていたため、佐藤と度々衝突したのだという。しかし、卒業後は、渡辺節の事務所で一一年に及ぶ実務を経験し、徹底的に様式建築の真髄を学んだのである。同じ座談会で、村野は次のように述懐している。

「もともと建物というものの対象は、人間でしょう。そうなれば、その感触というこ

3階ギャラリーの展示

1階カフェ

とが問題になりましょう。そしてこれは言葉を換えると、人間が建物にどういう影響を及ぼし、また反対にいえば、建物が人間にどういう影響を与えるかということでもあります。ところが、これを考えていきますと、まず建物の影と光という問題について考えなければならなくなります。しかし私は、陰影ということはただ物理的な意味ばかりでなくて、心のなかの光と影ということまで広げて考えたいと思います。つまり、私は、建物と人間との関係に倫理性を求めたいと思います。」

（「明暗と孤独を好む建築家」『復刻建築夜話』日刊建設通信新聞社、二〇一〇年）

村野の真骨頂は、様式建築に学んだ確かなディテールに支えられたデザインを自在に操りながらも、そこに構成主義的な要素をもち込むことによって、独自の新しさを生み出そうとしたことにあるのだと思う。北國銀行には、最晩年まで衰えることのなかった村野の出発点にあった思いと覚悟が刻まれている。

聖母女学院（現・大阪聖母女学院）

一九三二年竣工　大阪府寝屋川市
設計　アントニン・レーモンド

レーモンドによる学校建築の遺産

二〇一六年一月末、大阪府寝屋川市に立地する聖母女学院を再訪する機会があった。大阪と京都を結ぶ京阪電車の香里園駅で下車し、緩やかな桜並木の坂道を上がって一〇分ほどで、突き当たりのキャンパスに到着する。周囲一帯は、昭和初期に開発された郊外住宅地である。近年駅前には不粋な高層マンションが建ち、大きく変貌してしまったが、それでも戸建て住宅の多い閑静な環境は守られている。

私事ながら、はじめて訪れたのは、二〇〇七年に神奈川県立近代美術館で開催された「アントニン&ノエミ・レーモンド展」の事前調査の際なので、約一〇年ぶりとなる。その時は、現在はワシントン議会図書館で建築専門学芸員として活躍中の中原まりさんや、ワシントン州立大学教授のケン・タダシ・オオシマさんと一緒だった。

よく知られているように、設計者のアントニン・レーモンド（一八八八〜一九七六年）は、一九一九年の大晦日に帝国ホテルの設計助手としてフランク・ロイド・ライト（一八

アントニン・レーモンド　Antonin Raymond（1888—1976）
ボヘミア地方（現在のチェコ）生まれ。チェコ工科大学卒業後、渡米。1919年フランク・ロイド・ライトとともに来日。21年事務所設立。38年にアメリカに戻り48年再来日。73年離日。主な作品に「夏の家」「リーダーズダイジェスト東京支社」等。

六七〜一九五九年）に伴って初来日し、一九二一年に彼の下から独立して、精力的な設計活動を戦前の日本で展開していく。偶然にも同じ一九二一年に、この聖母女学院を創立することになる修道女がフランスから来日している。レーモンドへの設計依頼がどんな形で行われたのかはわからない。おそらく、独立後の出発点である東京女子大学（一九二四〜三八年）が機縁になったと思われる。その後も、宝塚の小林聖心女子学院（一九二六年）、東京の聖心女子学院（一九二八年）、岡山の清心高等女学校（一九二九年）の設計を手がけ、この聖母女学院が戦前最後のミッション・スクールの仕事になる。

前川國男が描いた初期の平面図

興味深いのは、一九三〇年四月にル・コルビュジエ（一八八七〜一九六五年）のアトリエから帰国し、八月からレーモンド事務所に入所した前川國男が、次のような回想を残していることである。

「レーモンドでやった最初の仕事は、香里の高等女学校だったな。（中略）プランをやったんだけど、それが気に入られなくてね、むこうに。それで多少手直しして、いま建っているのがそうだ。」

（前川國男・宮内嘉久『一建築家の信條』晶文社一九八一年）

この前川の回想どおり、現在のレーモンド事務所には、前川が描いたと思われる初期の平面図が大切に保管されている。図面の表記はすべてフランス語であり、これは聖母女学院がフランス人修道女によって創立され、計画当時もフランス人によって運営されていたからだと思われる。さっそくフランス帰りの前川の語学力がこの仕事で役に立ったのだろう。平面図からは、北側の正面玄関を中に入ると、南北方向にまっすぐに伸びる中央の廊下を中心軸として、校舎群が左右に枝分かれするような形で構成されていることが読み取

正面玄関入口を見る

建物の中心を貫いて伸びる大廊下

れる。手前の東側には高等部の教室群三棟が張り出し、西側には体育館が取り付く。さらに奥の東側には小学部が中庭を囲む形で配置されている。現在の建物の骨格がほぼこの時点で決定されていたことが見えてくる。

残念ながら、この図面を描いた後、前川がどう設計に携わったのかは不明である。けれども、建設工事の起工が、前川の入所からわずか六カ月後の一九三一年二月であることから推察すると、この平面図を元に、所員が総力を挙げて実施設計を進めたのだと思われる。竣工時に、設計チーフの杉山雅則が記した次のような文章がある。

「当初、(中略)校舎の設計は所謂コンクリート様式のスケッチを提案したが承認に至らず、少し窓などの構成を変え装飾をつける事にした。此の場合もMr.Raymondは懸命に第一案を推したが同意を得るに至らなかったと聞く。自分達も意匠及仕事への潔癖から大変残念に思ったが、今観れば此の少しの飾りは少女の質素な髪飾りのリボン位に思えて少しも気にならず、却て此の学校の気持を表示している様に惟えるのも愉快だ。」

(杉山雅則「聖母女学院の建築」『国際建築』一九三八年七月号)

大らかな骨格の空間

杉山の証言する「コンクリート様式のスケッチ」こそ、前川の描いたものだったに違いない。確かに、完成した建物のプランは、ほぼ原案どおりだが、竣工記事に、「現代風加味するスパニッシュミッションスタイル」（『建築雑誌』一九三二年八月号）と表記されたとおり、外観は装飾のある折衷様式でまとめられた。今回改めて校舎群を歩いてみると、手前の校舎の外壁や窓回りにはスパニッシュ風の装飾が施されていたが、奥に進むに従って、装飾のない即物的なデザインに変わっていく様子が見て取れた。そして、左奥の体育室と思われる部屋は、コンクリート打放しの柱と梁が空間を支えており、ガラスの大開口部も含め、コンクリート様式が忠実な形で実現されていた。

それにしても、中央を貫いて背骨のように奥へと伸びる幅四メートルを超える大廊下と床面の幾何学模様、途中にある大階段、左右に広がる教室群など、空間の骨格の大らかさには圧倒される。ここに学ぶ生徒たちにも強い印象を与えてきたことだろう。

偶然にも、近くには、レーモンドと同い年の藤井厚二（一八八八〜一九三八年）の手がけた木造の八木邸（一九三〇年）も現存し、一般公開が始まっている。貴重な戦前の近代建築として、二つの建物が地元の地域遺産として生き続けてほしいと思う。

木村産業研究所

一九三二年竣工　青森県弘前市
設計　前川國男

前川國男のほろ苦い出発点

築城四〇〇年を迎えた二〇一一年の十一月四日、弘前城のある青森県弘前市で、「弘前の景観まちづくり—建築とまちなみが紡《つむ》ぐ歴史と未来」と題するシンポジウムが開催され、パネリストの一人として参加する機会があった。訪れるのは二年ぶりとなる。弘前には前川國男の手がけた建築が八件も現存し、しかも、戦前の一九三二年から最晩年の一九八三年まで、その建築家としての歩みに沿って各時代の建物が揃っている。そのため、弘前はいわば前川國男の建築と思想の変遷を身近な建物を通して知ることのできる貴重な町ともなっているのである。シンポジウムの翌日には、市民向けの見学ツアーも催され、国の重要文化財に指定された地元の名棟梁・堀江佐吉の手による旧・弘前偕行社（一九〇七年）と共に、前川建築も巡り歩いた。その中で、前川國男二七歳の記念すべき処女作であり、建築家としての出発点となる木村産業研究所を紹介したい。

前川國男　まえかわ・くにお（1905—86）
新潟県生まれ。1928年、東京帝国大学工学部建築学科卒業後、渡仏してル・コルビュジエに師事。30年に帰国しレーモンド建築設計事務所勤務。35年前川國男建築設計事務所設立。主な作品に「前川國男自邸」「神奈川県立図書館・音楽堂」「東京文化会館」等。

この建物は、地元出身の実業家・木村静幽《せいゆう》の遺志を継ぎ、彼の息子である木村隆三が、「弘前地方に於ける物産の生産技術を研究し、其改良を図る」ことを目的に設立した財団法人木村産業研究所の活動拠点として建設されて、一九三二年に竣工した。前川はパリ留学時代に木村と親交を結んでおり、一九三〇年四月に帰国する船の上で設計を依頼されたの

南東側から見る外観

貴賓室のゆるやかにカーブしている窓

だという。帰国した前川は、同年八月から、アントニン・レーモンドの事務所に勤務し、設計実務を学び始める。そのため、この建物の設計は、前川がレーモンド事務所にもち込んだ仕事でもあった。

それにしても、なぜ、前川は縁あって手にしたこの仕事で、建築家としてのデビューを果たさなかったのだろうか。それには次のような理由があったのだと思う。一九二八年三月、東京帝国大学卒業と同時に渡仏し、モダニズム建築運動の最前線にいたル・コルビュジエに学んだとはいえ、運悪く、前川の在籍した時期は、代表作のサヴォア邸（一九三一年）も建設中であり、実作に携わるチャンスは巡ってはこなかった。アトリエで長く担当したのは、一九二九年にドイツのフランクフルトで開催された国際建築家会議CIAMの第二回大会のテーマとなった「最小限住宅」のル・コルビュジエ案だった。このため、前川が吸収したのは、モダニズム建築の目標とすべき工業化による住宅問題の改善という使命と方法とに限られていたのである。だからこそ、いずれは独立するにしても、設計の実務を学ぶ必要性を感じたに違いない。その意味で、結果的に見れば、実績の豊富なレーモンド事務所という職場は、前川にとって最高の建築実務の教育機関だったことになる。

万全の体制で臨んだ自信作

木村産業研究所の設計時期は、残された確認申請の書類などから、一九三一年四月から翌一九三二年六月までと推定できる。実は、この直前に、レーモンド事務所では、東京ゴルフクラブの設計が行われており、チーフの杉山雅則の下で、前川も設計チームに加わっていた。しかも、この建物が木村産業研究所と同じ年に竣工し、そのデザインもディテールも大変似ているのである。興味深いことに、前川の入所によって、レーモンドの作品にル・コルビュジエ風の白いモダニズム建築が一気に増えていく。おそらく、レーモンドにとって、一歳年上のル・コルビュジエは同世代のライバルであり、前川を所員に迎えることによって、その方法を学ぼうとしたのだろう。一方、前川は、ル・コルビュジエに学んだ理念と方法を日本で実現するための技術的なサポートを、レーモンドから得ることができたのである。その証拠に、残されている木村産業研究所の工事仕様書は、英文で書かれており、あきらかに、当時、レーモンド事務所で使われていたものをそのまま転用したのだと思われる。

そして、このような万全の体制で設計に臨んだからこそ、経験もない二七歳の若さで無事に完成させることができたのだろう。竣工時に作成されたと思われるポストカードには、バルコニーの上に仲良く並ぶ自信に満ちた表情の前川と木村隆三の姿が写っている。前川が自信作と思ったのも無理はない。ル・コルビュジエのサヴォア邸は、厳しい予算の関係もあって、壁はブロック造に漆喰を塗って仕上げた過渡的なものに過ぎなかったが、その翌年に竣工した木村産業研究所は、壁も正式に鉄筋コンクリートでつくった本格的なものとなったからである。

モダニズム建築の限界

しかし、完成した自信作は、弘前という雪の多い厳しい自然環境を前に、あっけなく朽ちてしまう。屋上の防水はだめになって漏水し、庇のないスチールサッシュは錆び落ち、前川が記念写真に納まった鉄筋コンクリートのバルコニーも、凍害によってボロボロになってしまったのである。

　こうして、輝かしいスタートであったはずの処女作は、前川に、ル・コルビュジエの理念と方法をそのまま日本にもち込むだけでは決して確かなものとはならないこと、さらに、モダニズム建築の理念も方法も、実は、時間の試練に耐えられない未熟なものに過ぎない、ということを痛感させたのだ。もし木村産業研究所の挫折がなかったら、我々の知る前川國男という建築家は生まれていなかったかもしれない。そのほろ苦い出発点は、だからこそ、貴重な文化遺産なのだと思う。

宇部市民館（現・宇部市渡辺翁記念会館）

一九三七年竣工　山口県宇部市

設計　村野藤吾

戦禍を切り抜けた記念碑的建物の矜持

二〇一一年六月、村野藤吾の戦前の代表作として知られる宇部市民館をはじめて訪ねる機会があった。私の所属する京都市工芸繊維大学美術工芸資料館で予定されていた「第十一回村野藤吾建築設計図展」（二〇一二年二～五月開催）の調査と打ち合わせが目的だった。

この建物は、地元出身の実業家・渡辺祐策の没後、その功績を後世に伝えるべく、関連会社七社の寄附によって直営で建設され、竣工後に宇部市へ寄贈されたものだ。

竣工した市民館はさぞかし清新な印象を与えたに違いない。当時出版された『渡辺翁記念会館図集』（国際建築協会、一九三七年）には、「本建築はインターナショナルタイプにして、自由模作によって出来上がった曲線流暢なる飛行機型の平面を有し、骨格豪壮、容姿端麗の堂々たる殿堂」であり、村野が「欧米に渡りて考究見聞せられし近代建築の精神

村野藤吾　むらの・とうご（1891—1984）

→p.24参照

を広く蒐集して以て豊富な経験により氏独特の技巧を見せた改心の作である」と紹介されている。一方、『新建築』（一九三七年六月号）には、公立ではなく、企業からの寄贈という建設の経緯と設計者・村野の思いが働いた結果なのだろうか、当時としては珍しい「市民」を入れた、「宇部市民館」という建物名で発表された。

だが、時あたかも日中戦争の直前である。そのため、市民館は、その後の宇部市を襲った過酷な運命を目撃することになる。『宇部地方史研究』（第三七・三八合併号、二〇一〇年）に掲載された市民の証言によれば、それは次のような事態だった。

終戦直前の一九四五年七月、宇部市は、「米軍の空襲で工場地帯は爆弾攻撃を受け、中心市街地には焼夷弾の投下で市役所、警察、百貨店をはじめ多くの民家が焼失し、甚大な被害を被った」。しかし、幸いなことに、市民館は外観が「大きく傷ついた」ものの難を逃れた。「周囲一面焼野原の中、堂々とそびえ建っている」その「威容」は、「実に頼もしく、敗戦で虚脱状態の市民を大いに勇気づけてくれた」という。そして、戦後は、村野の最晩年に至るまで、村野事務所によって改修と増築工事が繰り返し施されながらも、原形をよく保ち、今も独特な存在感を放って大切に使われている。また、二〇〇五年には、村野の建築としては、はじめて国の重要文化財にも指定された。

市民館で得た成功と信頼

この展覧会では、残された資料の中からこの市民館の図面四九点が新たに見つかり、設計のプロセスを推測できる発見があった。例えば、ル・コルビュジエの国際連盟会館コンペ案や大型客船の造形からヒントを得て、しかもそれを乗り越えようとする試みが施されていること、また、初期案では正面に置かれていた車寄せを建物の側面に移動させることによって、建物の前面に内部とそのままフラットにつながる人間のための広場を設けたこと、そして、自立する曲面状の壁を建物の正面に建て、間に階段を納めつつロビー空間と分節することによって、軽快でヒューマンなたたずまいを実現したことなど、村野の構成

建物正面に設けられた人間のための広場

2階から見た客席．照明の壁に描く光が美しい

的で自在な建築デザインの方法が見えてきた。

けれども、それ以上に、改めて気づかされたのは、宇部は村野藤吾にとって大変重要な意味をもつ工業都市であり、宇部によって村野が私たちの知る建築家になったのではないか、ということだ。村野は、この市民館で得た成功と信頼をきっかけに、宇部の建築を継続的に手がけていく。しかし、戦時下という時代背景もあって、工場や関連施設がその大半を占めており、空襲で失われたものも多い。そんな工場建築の仕事を前に、村野はどのような思いで設計を進めたのだろうか。晩年に、市民館についてインタビューを受けた村野は、その最後に、次のような発言を残している。

「いや昔から私は、工場なんて『美術建築』だというんですよ。『美術建築』ということはそこに人間がいるからということです。人間がいる以上は『美術建築』でなきゃいかんということですよ。なにも『美術建築』だからきれいにするというわけではない。工場だからきたなくしていいという考えに対して、それは間違いである、といいたかった。私も工場生活を知っているから。八幡製鉄にいたことがありますからね。どんなに工場生活が苦しいかがわかる。人間不在ですからねえ、あんなのは。間違いですよ。しかし今日は逆になってきた。私のいった通りになってきた。それは人間がいるから、そこで労働するからそれは、『美術建築』という考えでやる、ということですねえ。」

（「村野藤吾氏に聞く—宇部市民館のことなど」聞き手：長谷川堯『SPACE MODULATOR』No.52、日本板硝子株式会社、一九七八年）

「工場は美術建築である」

建築を学ぶ前の村野には、福岡県立小倉工業高校機械科を卒業後、八幡製鉄に技術工として勤めた経験があった。宇部で設計を進める中、人間がそこで働いている以上、しかも苦しい生活であるからこそ、工場も美術建築なのだ、との思いを強くしたのではなかろうか。同時に、硬質な素材感と鈍い暗褐色の色彩をもつ工場建築の独特な姿にも惹かれたのだろう。こうして、宇部の工場建築は、村野にとって、自らが求める建築のあり方を考えるための根拠地になっていったのだと思う。宇部市民館は、その出発点にあった村野の矜持を今に伝える記念碑的な意味をもっている。

慶應義塾寄宿舎

一九三七年竣工　神奈川県横浜市
設計　谷口吉郎

戦時下の白いモダニズム

慶應義塾大学日吉キャンパスの隣に建つこの寄宿舎は、谷口吉郎（一九〇四～七九年）の戦前を代表する建築として知られる。二〇一四年九月、ある個人的な感慨を抱いてはじめて訪ねた。それは、一九三五年十月に前川國男と共にレーモンド事務所を独立し、前川國男自邸（一九四二年）を担当した元所員の崎谷小三郎さんから、独立後の苦労話として、この寄宿舎の設計に携わった次のような経験談を聞いていたからだ。

「前川事務所では、仕事が無いときに、「人減らし」と言って、仕事のある事務所に手伝いに行っていた。谷口さんの慶應寄宿舎の矩計図も自分が描きに行った。」

（一九九六年三月十二日聴き取り松隈メモ）

確かに、竣工時の掲載誌『国際建築』（一九三九年一月号）を見ると、この証言どおり、

谷口吉郎　たにぐち・よしろう（1904―79）
金沢市生まれ。1928年、東京帝国大学工学部建築学科卒業。30年、東京工業大学講師。43-65年、同校教授を務め、建築計画、意匠学、設計等について研究、教育した。主な作品に「島崎藤村記念堂」「東京国立近代美術館」等。主著に『修学院離宮』。

「設計監督」の欄に、谷口吉郎と共に、四人の共同者の一人として、ペンネームだろう、「崎谷耿介」と記載されている。そんな経緯もあって、この寄宿舎の現状の姿は、近くを走る新幹線の車窓から、東京駅を出て新横浜駅に到着する直前の右手に見える小高い丘の上に、ああまだある、よかった、といつも確認していたのである。

竣工時の面影を残す中寮と北寮

改修を施された南寮の外観

東急東横線の日吉駅で下車し、目の前に広がる日吉キャンパスの南沿いの坂道を歩いて約一〇分、うっそうとした緑の中に、扇形状に配置された白い直方体の三棟の寮が見えてくる。そのうちの二棟と円形の浴場棟は使われておらず、半ば廃墟化していたが、かえって時を重ねた清新な存在感を醸し出している。そして、新幹線から見える南寮の一棟が、二〇一二年に、綿密な調査と三菱地所設計の設計により、丁寧な改修工事を施され、竣工時の姿を取り戻して使われ始めていた。その白磁タイルが張られた白く輝く立面と水平に伸びる庇、軽快な手すりがまわる外部階段の組み合わせが織りなす心地よい緊張感は、紛れもなく、遠く、アルヴァー・アールトのパイミオのサナトリウム（一九三三年）など、一九三〇年代の最前線のモダニズム建築と共振している。

それにしても、竣工して舎生が使い始めた一九三七年九月は、日中戦争が始まった七月七日の直後に当たる。そんな時代に谷口は何を思って設計を進めたのだろうか。竣工後に書かれた「設計日誌の一節」と題する文章には、次のように記されている。

「寄宿舎のお話があって、土地を見に行くことになった。（中略）何時もながら、市中から出て来て広い日吉の空を仰ぐ気持ちはいい。手入れの行きとどいた校内の舗装道路を過ぎ、自動車の車が土の中にめ入り込む位奥まった所で、『ここが予定地です』と云われ車を下りる。
見ると静かな雑木林の丘なので、まづ『これはいい』と思う。葉の落ちた楢や櫟の林を透かして、前方に広い空が見える。向うは崖らしい。（中略）小径を見付けて崖の上まで出て見ると、素晴らしい眼界だ。（中略）帰途、車にゆられながら、ガラス窓につき当る雨の雫を眺めていると、私の頭の中には、これから建つ寄宿舎のデッサンが、自然と描き出されて来るのであった。幼稚舎で試みたパネルヒーティングを再びここでも成功させたい希望や、日頃から考えている学生都市の新しい生活形式を、あの見晴らしのいい丘の上に、一つ実現して見たい願望などが盛り上がって来るのであった。そしてその描想の中で、さっき崖の上から見下した広い桃畑に、美しい花が咲き出し満開して来るのを禁じ得なくなった。」

（谷口吉郎「設計日誌の一節」『国際建築』一九三九年一月号）

寄宿舎建設の理念を共有して

ここには、直前に設計を手がけて完成させた慶應幼稚舎（一九三七年）において確かな手ごたえを得た最新のパネルヒーティングによる暖房設備に加えて、学生たちが生活を共にして互いを高め合う寄宿舎という場所をいかにしたら良いものとして築くことができるのか、という設計者としての心躍る抱負が綴られている。戦時下の鬱屈とした時代の雰囲気はどこにも読み取れない。それは、おそらく、我が国最古の学塾として始まった慶應義塾の自由を求める建学精神と、自治を基本とする共同生活によって学生相互の人格の陶冶を高めることを目的とする、寄宿舎建設の理念が、設計者の谷口との間に共有されていたからなのだろう。

しかし、この寄宿舎が、そうした役割を果たすことができたのは、わずか七年ほどに過ぎなかった。二〇一三年二月に、南寮の改修に合わせて慶應義塾アート・センターの主催で開催された展覧会「谷口吉郎と日吉寄宿舎」の冊子に記された渡部葉子氏の文章によれば、寄宿舎は、一九四四年三月に海軍軍司令部、連合艦隊本部その他に貸与となり、寄宿生のものではなくなってしまう。そして、戦後は日吉キャンパスと共に進駐軍に接収され、一九四九年の返還後は、一九五二年から中寮だけが寄宿舎として復活し、使用されてきたのだという。

一方、谷口も、一九三八年秋にドイツへ出張したものの、わずか一年後の第二次世界大戦の勃発に伴い、戦禍を逃れて帰国し、その後は、二度とこの寄宿舎のような白いモダニズムを手がけることはなかった。こうして、この戦時下の寄宿舎は、今やっと真の理解が始まるところなのだと思う。

大阪中央郵便局

一九三九年竣工　大阪市北区梅田

設計　吉田鉄郎

吉田鉄郎の求めた都市文化の行方

二〇一一年の暮れも押し迫った十二月二十一日、突如、大阪中央郵便局の解体計画が発表された。先に大半が取り壊された東京中央郵便局（一九三一年）と同じく、中断されていた超高層ビルへの建て替えを再開するために、二〇〇九年五月以来閉鎖されていた局舎の玄関部分だけを残して建物をすべて取り壊し、跡地はイベント広場として暫定活用するという。しかし、保存されるのは幅一八×奥行一八×高さ一六メートルの限られた範囲であり、現局舎の延床面積のわずか三・八％に過ぎない。このままでは建物の生命が完全に失われるのは明らかだ。性急に進められる動きを前に、ここでは、その歴史と設計者・吉田鉄郎の求めたものについて記しておきたい。

大阪中央郵便局の竣工は一九三九年三月、日中戦争下のことである。当時は、太平洋戦争へ突き進む中、戦争遂行に必要な鉄不足解消のために、一九三七年十月に施行された鉄鋼工作物築造許可規則がさらに強化され、鉄を用いた建築は建設不可能となっていた。こ

吉田鉄郎　よしだ・てつろう（1894―1956）
→p.19 参照

のため、少し遅れて着工した大阪駅は建設中断を余技なくされ、組み上がっていた鉄骨も供出されてしまう。そんな中、幸いにも制限を免れて大阪中央郵便局は建設される。

一方、吉田鉄郎は、東京中央郵便局竣工直前の一九三一年七月から一年間の欧米建築視察に出かけ、心の故郷と憧れた北欧スウェーデンを訪れて、ストックホルム市庁舎に感動して帰国、自らの求める建築への確信をつかみ、精力を注ぎ込んで設計に取り組んでいく。そして、結果的に彼の最後の大作となったのが大阪中央郵便局だった。だからなのだろう、吉田はこの局舎の建設現場に土日を利用して夜行汽車で通いつめ、細部まで見届けようとしたという。それでも、竣工後は、「局舎の外装は純粋な無理のない表現を目標とした。外装のタイルは防空上の見地のみからではなく、煤烟の多い大阪市として汚れの目立たぬ様特に灰紫色のものにした」(『現代建築』一九三九年十二月号)とだけ控えめに書き留めていた。しかし、この局舎の完成は吉田の心の支えになったに違いない。没後にあきらかになったように、続く戦時下において、彼は、「征服的」で「威嚇的」な建築を求める時流に抗して、日本建築に見られる「親和的」で「清純」な性格を「自抑性」と名づけ、あるべき建築の姿を一人見つめていたのである(吉田鉄郎「建築意匠と自抑性」『建築雑誌』一九七七年十一月号)。

だが、そんな吉田の思いも空しく、激化した戦争によって、建物も大阪の街も壊滅的に傷ついてしまう。ことに、東京に続き、一九四五年三月十三、十四日の第一次大空襲に始まる一連の空襲によって、大阪市の罹災者は一〇〇万人、死傷者は四万人、焼失倒壊家屋は三〇万戸に達し、人口は終戦までのわずか半年の間に一〇〇万人も減り、戦前の人口の三分の一になってしまったのである。当時の様子を記した次のような証言が残されている。

「戦争が終わって、外地から帰国した復員の兵士たちが大阪駅に降りたったとき、あたり一面焼野原の彼方に難波の高島屋の建物が見えたという。大阪のキタからミナミが完全に見通せたのである。空襲で主要部分はみごとに焼きつくされ、繁華を誇った街は廃墟と化していたのだった。」

東側から見る建物全景（2012年撮影）

北東側外観（保存されたのは3層3スパンのみ）

（小山仁示『大阪大空襲』東方出版、一九八五年）

戦争に耐えて大阪の復興を見守る

このような状況下で、窓ガラスも割れて荒廃はしたものの、局舎は戦争にも耐え、大阪の戦後復興を見守ってきたのである。竣工から七〇年以上が経ち、周囲では再開発のラッシュが続く。気がつけば、過酷な歴史を目撃した証言者とも呼べる大阪駅周辺の戦前の建物は、この局舎だけとなってしまった。けれども、だからこそ、この建物が有する価値はむしろ高まっているのだと思う。東京では、東京駅が重要文化財として修復されている。同じように、大阪の象徴として、大阪中央郵便局は、重要文化財として修復と有効活用が求められる、かけがえのない存在なのではなかろうか。吉田が晩年に記した次のような言葉がある。

「名建築の改修などは、非常に重要な、やり甲斐のある、また非常におもしろい仕事ではあるまいか。こういう仕事をやるさいにまず必要なことは、その建物の価値を十分に認識して、それにふかい愛情をもつことであろう。それから、たしかな技術と同時に謙虚な気持をもって、しかも念には念をいれてやることだ。もちろん、経費がたりないとか、当局者がやっかいな注文をだすとかいうことがあって、なかなか思うようにはいかないものかもしれないが、しかし要するに、すべては建築家の認識と熱情とその技倆にかかっているのではあるまいか。（中略）自分の個性をだそうといったようなけちくさい考えなどは、もちろん、だれにもあるはずがなかろうが、それにしても貴重な文化的遺産をそこなわないように慎重のうえにも慎重を期してほしいものだ。それらは将来、日本の新しい建築の歴史において、たとえば法隆寺がふるい建築の歴史において占めているような、それほど重要な地位をしめるかもしれないから…。」

(吉田鉄郎「くずかご」『建築雑誌』一九五〇年三月号)

私たちには、吉田の求めた建築を見つめ直し、大阪の都市文化を構想する想像力をもち合わせているだろうか。わずかなかけらだけとなる大阪中央郵便局は、彼の思いと共に、その行方を静かに見守っている。

追記　二〇一二年に解体されて姿を消した。

旧・飯箸邸（現・ドメイヌ・ドゥ・ミクニ）

一九四一年竣工　東京都世田谷区等々力（二〇〇七年、長野県北佐久郡軽井沢町へ移築）

設計　坂倉準三

戦時下の帰国後第一作に込められたもの

二〇〇七年に軽井沢へ移築された旧・飯箸《いいはし》邸は、もともと、一九三九年に事務所を設立した坂倉準三（一九〇一〜六九年）の帰国後の第一作として、太平洋戦争開始直前の一九四一年、東京世田谷の等々力《とどろき》渓谷沿いに竣工している。依頼者は、坂倉にパリ万国博覧会日本館（一九三七年）を設計するきっかけを与えた美術史家の團《だん》伊《い》能《のう》である。戦火を免れ戦後も長く住まわれていたが、やがて世代も交替し、二〇〇六年、土地の売却に伴って存続の危機に陥る。そうした事態を前に保存へ向けた動きが始まり、土壇場になって、坂倉の長男である坂倉竹之助氏と事務所ＯＢが結成した「旧飯箸邸記録と保存の会」の尽力によって、暖炉回りや床材、建具など多くのオリジナル部材を用いた軽井沢への移築が実現し、レストランとして再生されたのである。それは、この三〇坪の小さな木造住宅がいかに坂倉の建築精神を体現しているのか、未解明な部分も含めてその空間に魅せられた人々の思いが奇跡的な形で実を結んだ出来事だった。そこで、ここでは、この住宅に込められ

坂倉準三　さかくら・じゅんぞう（1901―69）
岐阜県生まれ。1927年東京帝国大学美術史学科卒業。29年に渡仏し、31-39年コルビュジエ事務所に所属。40年に坂倉建築事務所設立。主な作品に「パリ万国博覧会日本館」「飯箸邸」「神奈川県立近代美術館」「国際文化会館」「新宿西口広場・地下駐車場」等。

庭側からの建物全景

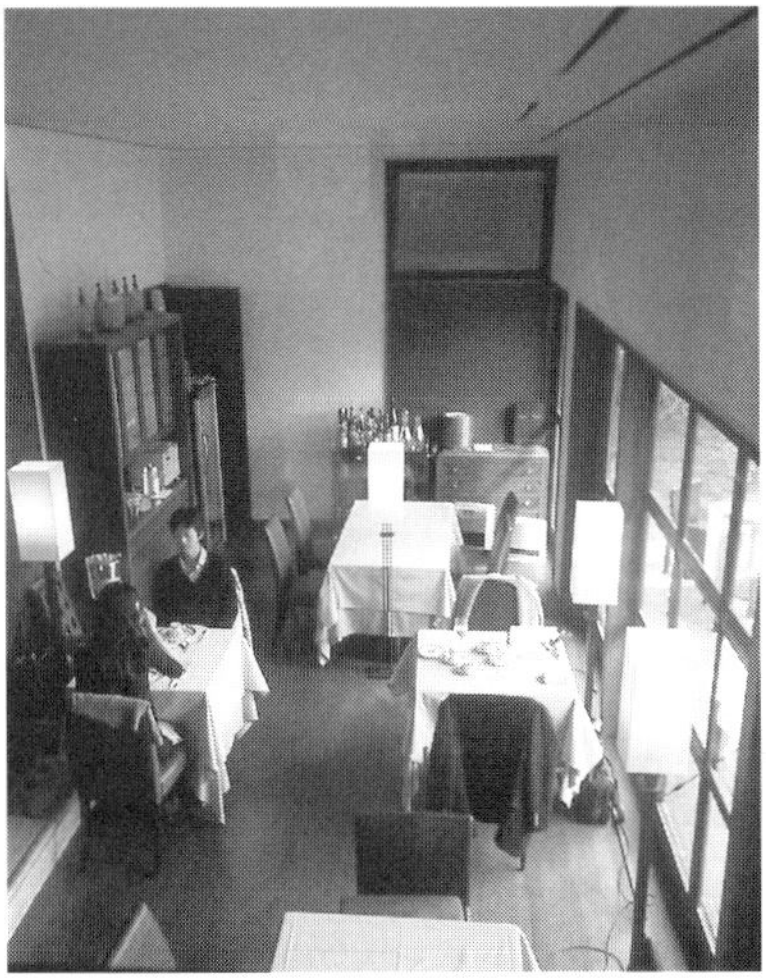

レストランとなった居間食堂

オリジナル建具の詳細

たものについて考えてみたい。

きっかけとなったペリアンの来日

前川國男に続きル・コルビュジエのアトリエに長く学んだ坂倉は、東京大学建築学科ではなく、文学部史学科の出身だった。日本の建築界とは無縁だった坂倉にとって、帰国後にはじめて触れたその世界は、さぞかし窮屈なものだったに違いない。そこでは、伝統的な建物の形だけをそのまま踏襲するような、「日本的なもの」を巡る硬直化した理解が支配的だったからである。また、日中戦争下の当時は、すでに資材統制が始まっており、木造の建築しか建てられない不自由な時代でもあった。

こうした中、飯箸邸の設計を進める過程で、坂倉に大きな手がかりを与えたのは、一九四〇年に実現した、ル・コルビュジエのアトリエの同僚であるシャルロット・ペリアン(一九〇三〜一九九九年)の日本への招聘をきっかけに始まる、柳宗悦(一八八九〜一九六一年)や濱田庄司(一八九四〜一九七八年)らが始めた民芸運動との接触であり、彼女が日本の伝統へ向ける眼差しだったのだと思う。そして、その橋渡しの役を担ったのが、学生時代からル・コルビュジエに心酔していた柳の子息である若き日の柳宗理(一九一五〜二〇一一年)だった。ペリアンが、坂倉と柳宗理の協力の下、七カ月に及ぶ日本各地での調査研究の成果を紹介するために行った一九四一年の展覧会「選択・伝統・創造展」へ向けて記したと思われる文章に、次のような言葉がある。

「今あなた方は、先祖伝来の静かな家庭生活から出て緊張と速力の新しい生活に入られるわけであります。(中略) その新しい転換の時に当って、あなた方は迷われてはなりません。(中略)第一にあなた方が自分の伝統の中に汚さずにお持ちになって居る立派な物質を失わずにお守りなさることであります。即ち美しい材料に対する愛情、秀れた技術に対する愛着、美しい形に対する感受性、それからものとものとの間にある釣合の調和に対する非常に繊細な感覚、さういうものを決して失わないように。ここで一言附け加へて置きたいことは伝統を守れといふことは過去のものを墨守せよといふことでは決してありません。伝統の基礎に立って、それから「前に進む」といふことであります。新しい時代に適はしい「前進」があって始めて本当の伝統が生きるのであります。」

(シャルロット・ペリアン著、坂倉準三訳「日本工藝について」『月刊民芸』一九四一年四月号)

伝統の中から新しさを見い出す

日本の伝統の中から新しい時代に適合するものを発見すること。坂倉は、そのような視点をペリアンと民芸運動から学んだのだろう。そして、具体的な設計にあたっては、そうした試みを実践していた先人たちの仕事にも注目したに違いない。それは、設計を担当した西沢文隆が参考にしたと証言する、アントニン・レーモンドの夏の家(一九三三年)だけではなかった。それ以外にも、坂倉が創刊号にパリ万国博覧会日本館を発表した雑誌『現代建築』を発行した日本工作文化連盟の重鎮、堀口捨己の手がけた岡田邸(一九三三年）と若狭邸（一九三九年）からの影響も読み取れると思う。前者は、「住宅の和洋折衷」をテーマに掲げ、近代建築の空間と和風部分を巧みに併置させる方法が試みられている点が、後者は、建物の基準となる軸を、敷地とは関係なく、意識的に方位に合わせている点が、飯箸邸へとつながるからである。

そして、その上で、坂倉は、民芸運動を通して触れた伝統的な民家の造形に注目しつつ、ル・コルビュジエから学んだ「構成の精神」によって、有機的な全体性をもつ空間をつくり上げようとしたのだと思う。こうして、飯箸邸は、戦時下という思考が試される状況だからこそつかみ得た、坂倉のその後の核となる建築精神が結実した作品となったのである。その貴重な空間が次の時代へと引き継がれたことの意味は大きい。

前川國男自邸

一九四二年竣工　品川区上大崎（一九九七年、江戸東京たてもの園へ移築）

設計　前川國男

木造モダニズムに託されたもの

建築家・前川國男の自邸は、一九九七年、桜の名所として知られる東京の小金井公園に隣接する江戸東京たてもの園に移築復元されて一般公開されている。もともとは、太平洋戦争下の一九四二年秋、山の手線の目黒駅にほど近い閑静な住宅地に、前川の結婚後の新居として建てられた。だが、早くもその三年後には、居間と食堂が前川事務所の製図室として占有されてしまう。というのも、銀座にあった戦前の事務所は一九四五年五月の空襲によって焼失し、かろうじてこの自邸だけが戦災を免れたからだ。

こうして、前川の戦後の活動は、この二〇帖ほどの空間から不自由な形で再開する。けれども、ここからは、木造の紀伊國屋書店（一九四七年）や慶應病院（一九四八年）、二〇〇八年に取り壊された日本相互銀行本店（一九五二年）や神奈川県立図書館・音楽堂（一九五四年）など、戦後初期の代表作が次々と生み出されていく。その意味で、この自邸には前川の戦後の出発点が記憶されている。因みに、この住宅が夫妻だけの静かな空間に戻

前川國男　まえかわ・くにお（1905—86）
→p.40参照

ったのは、それから九年後、四谷に事務所が完成する一九五四年のことである。その後は、一九七三年に、自邸が鉄筋コンクリート造へ建て替えられる際に、部材が解体されて軽井沢の別荘へと運び込まれ、以来、長く眠っていた。そして、前川の没後から一一年の時を経て、その空間が二四年ぶりに甦ったのである。

戦争が促した前川の思考の痕跡

ところで、この住宅は、竣工当時は発表されず、約二〇年後の一九六一年になって、雑誌に掲載されている。いわばその存在が隠されていた作品である。よく知られているように、前川は、大学卒業直後の一九二八年から二年間、パリのル・コルビュジエに学び、帰国直後の一九三一年、東京帝室博物館コンペにおいて、彼に学んだ近代建築の原理を用いた応募案を提出して落選する。その前川が、一一年後に、なぜ伝統回帰と思えるような民家風の自邸を設計したのだろうか。もちろん、そこには、戦時体制への急速な移行による、建築の資材統制という要因も働いていた。そのために、この自邸は、三〇坪以下の木造であり、当初予定されていた金属屋根も瓦屋根へと変更されている。しかし、それだけでは説明がつかない。ここには、日本の伝統と自覚的に向き合おうとした姿勢が読み取れる。戦争は前川にどんな思考を促したのだろうか。そのことは、当時、前川が置かれていた議論の場を検証することによってはじめて見えてくる。

一九三七年に日中戦争が始まると、軍需工場の増設に伴う労務者の大量流入などによって、東京など大都市では住宅不足が深刻化する。こうした中、建築学会には、佐野利器の下で住宅問題委員会が設けられ、一九四一年には量産を目的とする国民住宅のコンペが行

庭側の全景　５寸勾配の切妻屋根と開口部の明解な対比

吹き抜けの居間と開口部

われる。また、引き続いて佐野は、太平洋戦争勃発直後の一九四二年四月、大東亜建築委員会を組織し、大東亜共栄圏に建てるべき建築様式の議論を展開していく。丹下健三が一等となってデビューを飾る大東亜建設記念営造計画コンペ（一九四二年）も、そうした流れの下で実施されたものだった。

そして、前川は、これら二つの審査と議論に加わっていたのである。けれども、いずれの議論も建築を戦争へと動員するために矮小化され、国民住宅は在来工法による狭小住宅の押しつけに過ぎず、大東亜建築様式も過去の伝統的な形を固守した日本趣味的建築か、国際主義的な抽象性に陥った構造趣味的建築にとどまっていた。そこで、前川は、この自邸で、二つのテーマを掲げたのだと思う。一つは、日本の民家に見られる風土に根づいた逞《たくま》しい造形に倣いながらも、それにとどまらず、日本の伝統的な建築がもつ空間構成の特質にまで踏み込んだ新しい提案を行うこと。もう一つは、ル・コルビュジエに学んだ自由な平面、自由な立面という方法を木造という制約の下で試みてみること。このような前川の思考の痕跡は、当時、前川が読んでいた蔵書に残る、民家風の立面図のスケッチや、前面道路に面した門から玄関を経て居間へと至る、変化に富んだアプローチ空間を描いたと思われる「一筆書き」のスケッチからも読み取ることができる。さらに、担当した所員の崎谷小三郎は、ひそかに伊勢神宮のモチーフをもち込んでいたことを後に証言している。

こうして、木造バラックでもなく、白い抽象的造形でもない、簡素でありながら力強い骨格と、一続きの変化に富んだ明晰な空間構成を併せもつ、快心の自邸が誕生する。おそらく、前川は、この小さな建築によって、戦時下という厳しい状況の下にありながらも、自らの進む方向を見定めることができたに違いない。そして、それは、続く在盤谷日本文化会館コンペ案（一九四三年）を経て、戦後に大きく開花する前川建築の原点と呼べるものだったのである。

藤村記念堂

一九四七年竣工 岐阜県中津川市

設計 谷口吉郎

建築に命を吹き込むものとは

抜けるような秋晴れの九月初旬、中山道の宿場町の馬籠《まごめ》に、藤村記念堂を訪ねた。明治を代表する文豪で詩人の島崎藤村（一八七二～一九四三年）の一八九五年に焼失した生家跡地に、戦後間もない一九四七年に、地元の材料を使って住民の勤労奉仕と手仕事によって建てられた谷口吉郎の戦後の出発点となる木造の小さな建物である。

名古屋から信州松本へと走るＪＲ中央本線の特急電車に乗って約五〇分、中津川駅で下車し、バスに揺られて約三〇分で標高六〇〇メートルの馬籠宿に到着する。両側に木造の民家が立ち並ぶ中山道の思いのほか急な石畳を登っていくと、一〇分ほどで集落のほぼ中央に位置する記念堂にたどり着く。

表の街道側には板塀と冠木門《かぶき》が新たにつくられ、往年の本陣屋敷の格式が復元されている。冠木門をくぐると、屋敷跡を隠すように築かれた正面の土塀の白壁に藤村の言葉が記された渋い朱塗りの額がかけられ、記念堂を象徴的に暗示する。続いて白壁に沿って目を

谷口吉郎　たにぐち・よしろう（1904―79）

→p.50参照

右へ転ずると、隣地とのわずかな境界に、奥行七尺、長さ一三間半の細長い木造瓦屋根の記念堂が奥へと伸びている。記念堂の前半分の玄関は、腰から下が吹き放され、奥の古い用水池が巧みに取り入れられて清水をたたえている。そして、奥へ進むと、薄暗い本堂の正面に、障子越しの柔らかな光に照らし出された藤村の坐像（作・石井鶴三）が安置され

冠木門越しに見る土塀と朱塗りの額

屋敷跡の庭側から見た記念堂

ている。

一方、興味深いことに、旧本陣でもあった生家の屋敷跡には何も建てることなく、近くの川から運んだ清浄な砂を敷いてそのまま残し、焼けた土台の礎石も庭石のように置かれたのである。こうして、木造の架構と障子で構成され、簡素ながらも静謐《せいひつ》な光と影に満たされた記念堂の内部空間と、生家を偲《しの》ばせる余白としての庭の清らかなたたずまいとの対比が今見ても新鮮だ。

村人の切実な願いを結実させる

谷口は何を求めたのだろうか。雑誌『文藝』の編集長として戦前から谷口と親交のあった野田宇太郎の証言（谷口吉郎編『記念碑散歩』文藝春秋、一九七九年）によれば、谷口が設計依頼を受けたのは、藤村没後まもない太平洋戦争末期の一九四五年一月のことだった。そして、敗戦の翌年の一九四六年十月に、谷口は野田と共に馬籠を訪れたという。小説『夜明け前』の舞台にもなった馬籠に藤村を記念する建物を建てたいという村人の切実な願いを現地で聞いた谷口は、後年、次のような回想を記している。

「これは容易なことではないと思った。建築資材は統制されていて、木材はもとより、釘まで自由に使えない。配給を申請しても許可される量はわずかである。しかも、食糧事情はひどく、世間の人々は薄いオカユと芋で飢えをしのいでいる。世相は暗い。時勢は不安で、多くの人は落莫とした虚脱の中にさまよっている。そんな敗戦のさなかに、馬籠の村人は詩人藤村に捧げる記念堂の建立を思い立ち、それを手づくりでやりとげようとする。その情熱に私は動かされた。」
（谷口吉郎『建築に生きる』日本経済新聞社、一九七四年）

郷土の詩人に寄せる村人の強烈な気概に接した谷口は、彼らと共に手づくりで建築をつくる経験を通して、はじめて戦前から長く追い求めてきた近代建築の方法を自らの確信としてつかんだのではないだろうか。それは、デビュー作の東京工業大学水力実験室（一九三二年）や木造の自邸（一九三五年）、慶應義塾幼稚舎校舎（一九三七年）で試みた白い箱の抽象性が孕《はら》んでいた隘路《あいろ》を乗り越え、より確かな近代建築の道筋を発見した瞬間でもあったのだと思う。同時に、永年にわたり木造文化に培われてきた日本という風土において、何を手がかりにすれば西欧の模倣ではない日本独自の近代建築がつくり得るのか、を自覚する契機にもなったに違いない。そして、だからこそ、木造文化が失われつつあった一九七六年の対談で、次のような感慨を語ったのだろう。

「あの時は、現在よりももっと資材が過酷な時代でございました。……木材の使用量も制限されていました。だから、木造家屋の設計や意匠は最も厳しい条件に追い込まれていました。……全部が檜です。木曾ですから自分のところの材料しかないわけです。……それから手仕事ばかりです。大工がいない。しかし、村の人が農具をつくり、水車をつくっていましたので、大工より素朴ですがしっかりした手仕事なんです。……例えば漆喰にしても、ふのりさえない時代ですから、お米とふのりを物々交換して壁土をつくらせたんです。建築が飢餓状態の時代でした。そういう時に村人のつくったものが、今でも残っているわけで、恐らくあれを当時のセメントか何かでつくったら、こんなに長くはもたなかったでしょう。そして専門の大工さんの仕事だったら、別のものになったでしょう。木造建築では法隆寺なども残っていますが、材料そのものが残っているんじゃなくて、それを仕上げた人、それを使った人、それを維持した人の魂がこもっているから残っているわけですね。そういう精神と生活がないと、木はこれから残っていかないと思います。」
（対談「木と日本建築」『INAX REPORT』No.2 INAX 一九七六年）

何が建築に命を吹き込むのか。この記念堂は多くの問いを現代へと投げかけている。

II　1950年代

一九四五年の敗戦時、戦災で焼失した建物は全都市の三七パーセントに達し、住宅不足は四二〇万戸にも上った。建築資材統制もあり、人々は木造バラックでの不自由な生活を強いられていた。一九五〇年、すべての建築資材統制が解除され、はじめて鉄筋コンクリート造や鉄骨造の建築が建設可能になる。この時、ル・コルビュジエに学んだ前川國男や坂倉準三と、丹下健三や大江宏など、戦前からモダニズム建築の思想を学んでいた建築家たちは、はじめて自らの手でつくる機会を得ていく。そんな中、一九五一年に竣工したアントニン・レーモンドのリーダーズ・ダイジェスト東京支社は、清新な姿によって多くの日本人建築家たちに希望を与えた。こうして、一九五〇年代は、厳しい経済状況ながらも、建築の工業化と軽量化、単純な構造体の実現などを求めて、清々しい透明感あふれる建築を実現させていく。そこには、様式建築にはなかった開かれた空間性が生み出されていた。

1950-1959

一九五〇年　建築資材統制解除
建築基準法施行、文化財保護法公布
住宅金融公庫発足
一九五一年　対日講和条約・日米安全保障条約調印
リーダーズ・ダイジェスト東京支社竣工
一九五五年　日本住宅公団発足
ル・コルビュジエ来日
一九五六年『経済白書』「もはや戦後ではない」
一九五八年　東京タワー完成
一九五九年　メートル法実施（尺貫法廃止）

神奈川県立近代美術館

一九五一年竣工　神奈川県鎌倉市

設計　坂倉準三

モダニズム精神の結晶体

二〇〇九年の春から夏にかけて、二つの会場を使った大規模な建築の展覧会、「建築家・坂倉準三展」が開催された。身近な家具とインテリアから、住宅や集合住宅、大きな公共建築、そして、新宿西口広場及び駐車場（一九六六年）など都市的スケールのものまで、坂倉の仕事の全体像を紹介するはじめての回顧展であり、両館合わせての来館者は延べ三万七〇〇〇人を超えたという。その会場の一つとなったのが、坂倉の代表作としても著名な、鎌倉の神奈川県立近代美術館である。

よく知られているように、坂倉準三は、前川國男とちょうど入れ替わるように、戦前の一九三一年から三九年までの長い間、途中の一時帰国をはさんで、フランスのパリにあったル・コルビュジエのアトリエに学んだ二人目の日本人だった。坂倉は、もともとは、東京帝国大学の建築学科ではなく、文学部美術史学科で美術史を専攻していた。しかし、当時、日本にも紹介されつつあったル・コルビュジエの新しい建築とその思想に魅せられ、

坂倉準三　さかくら・じゅんぞう（1901―69）

→p.60参照

彼に学びたいという一途な思いから、一九二九年に単身パリへと渡っている。そして唐突にも、一面識もなかったバカンス中の前川に電報を打ち、ル・コルビュジエへの紹介を依頼している。

その経緯の一端は、一足早く、一九三〇年四月に日本に帰国した直後の前川が、ル・コルビュジエとピエール・ジャンヌレに宛てた手紙の追伸に、「あなたがたに、ある若者を思い出していただきたいのです。彼は、私達の同僚の一人である坂倉氏なのですが、彼はアトリエにあなた方からのアドバイスを聞きに行ったと思います。（中略）とても真面目な学生ですので、必要な時に、あなた方から彼にアドバイスをしていただければ幸いです。」と記されていることからもわかる。その後、前川と坂倉は良きライバルとして、在野の建築家として、四〇年にわたる交友を続けながら、共に、戦前、戦後の日本の近代建築をリードしていくことになる。

戦後、日本初の近代美術館

二〇〇九年は、その坂倉が、一九三七年、ル・コルビュジエのアトリエの一角を借りて設計に取り組んだパリ万国博覧会日本館でグランプリを獲得し、建築家として華やかな国際的デビューを果たした後、日本へと帰国して自らの事務所を設立した一九三九年から、ちょうど七〇年の節目の年にあたる。当時は、すでに日中戦争下の厳しい時代であり、前川と同じく、坂倉の本格的な日本での仕事は、戦後にもち越される。

しかし、戦後も、疲弊した経済状況の中、進駐軍の仕事で食いつなぐ時代が続いた。そうした先の見えない占領下に、知事である内山岩太郎（一八九〇〜一九七一年）の美術を通して、復興への希望を人々に与えようという先見性のある構想から指名コンペが実施され、当選した坂倉案によって、日本最初の近代美術館として誕生したのが、この神奈川県立近代美術館である。因みに、指名を受けたのは、坂倉のほかに、前川國男、山下寿郎、谷口吉郎、吉村順三の四人であり、審査にあたったのは、建築家の吉田五十八の他、初代館長となる村田良策、吉川逸治、安井曽太郎ら、美術関係者だった。

ところで、この美術館には、あきらかに、先のパリ万国博覧会日本館で採用された方法が踏襲されている。竣工から一二年後の一九六三年、坂倉自身も、次のような文章を記していた。

「一九五一年に建てられた神奈川県(鎌倉)近代美術館と一九三七年のパリ万国博日本館とは、われわれの手になる現代建築とは如何なるものであるべきかという私の建築精神の表示の一つとして共通のものを持っている。」

(『建築文化』一九六三年六月号)

コルビュジエから学んだ「建築精神」

それでは、その「共通のもの」となる「建築精神」とは何なのだろうか。続く文章には、次のような説明が提示される。

「内部から外部にひろがる建築空間の処理、閉ざされないコートヤードの取扱いなど、

池越しに見る建物全景

池に面した１階のピロティ

近代美術館の機能という基盤の上に立って、かつ歴史的な鶴岡八幡宮の境内ということを意識して、新しい建築によって新しい調和のとれた外部空間をつくり出そうとした意図は、今なお生きていると思っている。」

さらに、坂倉は、「内部に立って外部の自然との調和あるつながりを感ずる空間」を、パリ万博日本館から引き継ぎつつ、「絵画のための閉ざされた空間」である二階部分を、ピロティで宙に浮かせることによって、その下に、「彫刻のための閉ざされざる空間」をつくり上げたとしている。この説明を読むとき、そこには、坂倉がル・コルビュジエから学んだ「建築精神」の核心部分が読み取れると思う。

それは、白い抽象的な箱に還元された展示空間を環境の中に的確な形で配置することによって、人が歩むに従って、次々と周囲の風景を切り取り、内外の空間を結びつける開かれた建築を実現することができるという、「構成の精神」と坂倉が呼んだ方法である。そして、それをより明快な形で成立させるために、坂倉は、それぞれの構成要素を自立的に見せる「清潔な納まり」というキーワードを所員たちに伝えたという。このような明晰な方法に支えられているからこそ、この美術館は、決して古びることなく、いつ訪れても、新しい何かを発信し続けているのだと思う。今も多くの人々を惹きつけてやまないその空間の魅力が、将来へ変わらずに引き継がれていくことを願わずにはいられない。

追記　鶴岡八幡宮との借地権の借用期限を迎えた二〇一六年三月三一日に閉館し、県立美術館としての六五年の歴史を終えた。今後は、神奈川県の指定文化財に登録した上で八幡宮が活用する予定だが、詳細は未定である。尚、一九六六年に坂倉の設計で増築された新館と学芸員棟は二〇一六年八月に取り壊された。

東京日仏学院（現・アンスティチュ・フランセ東京）

一九五一年竣工　東京都新宿区市谷船河原町

設計　坂倉準三

日仏交流史を刻む透明感ある空間

激しく変貌を遂げている東京にあって、それでも、いくつかの戦後の近代建築が当時の面影を残しながら、現役の姿のまま大切に使われている。東京日仏学院はそんな建物の一つであり、持続的に文化活動を続けてきた公共的な施設だからこそ、今もなお清新な雰囲気を失っていない。

この建物が竣工したのは一九五一年九月、敗戦後の占領下に置かれていた日本が悲願の独立を果たした直後のことである。前年の一九五〇年に戦前から続いていた建築資材統制がすべて解除されて、ようやく鉄筋コンクリートや鉄骨を用いた本格的な近代建築の建設が認められたばかりだった。

設計を手がけたのは、戦前から活動を続けていた坂倉準三である。一九三〇年代にル・コルビュジエのパリのアトリエに学び、一九三七年のパリ万国博覧会日本館で華やかな世界的なデビューを飾った坂倉にしても、戦争による一五年というブランクをはさんで戦後

坂倉準三　さかくら・じゅんぞう（1901—69）
→p.60参照

の再スタートとなる建築にようやく出会えたことになる。しかも同じ年の十月に、続いて竣工する神奈川県立近代美術館とは異なり、この東京日仏学院は、坂倉が手がける機会を得た最初の鉄筋コンクリート造の建物である。さらに、この施設は、日本とフランスの文化交流を図ることを目的に一九二四年に設立された財団法人日仏会館が、戦後に入り、語学学校として申請して建設が認められたという歴史的経緯もあった。そうしたいくつかの意味からも、フランスと縁の深い坂倉にとって、さぞかし心躍るプロジェクトだったに違いない。

建設されたのは、JR中央線の飯田橋駅近くの桜並木の美しい江戸城の外濠をはさんで法政大学や逓信病院と対面に位置する屋敷町の小高い丘の中腹だった。今は多くのビルに取り囲まれてしまったが、竣工時の建築雑誌には、緑に囲まれた木造住宅が点在する開けた空地に突如として出現したル・コルビュジエ風の瀟洒な近代建築がまぶしいくらいの白さを湛《たた》えて写っている。

けれども厳しい予算と限られた材料で建設が進んだのだろう。開館当初は最小限の姿からスタートする。教室四室と図書館や集会室、教員室と院長室などを二層にまとめ、三階には、フランス人の院長が暮らす住戸がコンパクトに納められた主屋と、玄関ホールと事務室、トイレなどからなる付属棟、そして、おむすび形の階段室棟という構成で、三階の住戸部分こそスチール製だが、一、二階は木製の窓になっていた。そんな中、坂倉はル・コルビュジエに学んだ方法を最大限試みようとしている。中でも、上部がロート状の独立柱で支えられた梁のないフラットな床板が重なる主屋と二重のらせん階段を内包した階段室棟は、今見ても圧倒的な存在感をもって迫ってくる。おそらく会心の作だったのだろう。

東側から見る建物外観

増築部分の1階ロビー

酷評された坂倉の自信作

この建築が竣工した直後の一九五一年十一月、坂倉は、第一回サンパウロ・ビエンナーレ国際美術展の建築審査員として武《たけ》基雄と共に南米ブラジルへ招かれる。そして、現地から東京の事務所の所員たちに書き送った十一月十日付の手紙の末尾には、ミース・ファン・

デル・ローエやフィリップ・ジョンソンなど、他の建築家たちが展示壁面を分け合っている中で、「僕は日仏センターと鎌倉とで一つの壁面を独占した」と記していた。そして、東京日仏学院と神奈川県立近代美術館は、戦後に創刊された『建築文化』の一九五一年十一月号と十二月号の表紙を相次いで飾ることになる。しかし、そんな自信にあふれたブラジル滞在中の坂倉が予想だにしない出来事が遠い日本では起きてしまう。

それは、東京大学教授の岸田日出刀《ひでと》（一八九九～一九六六年）による批評文の掲載だった。雑誌の誌面から受けた印象批評ではあったものの、岸田は、この建物は、「浅薄で騒々しく、胸わるくなる新しがり」の「アプレゲールの建築」であると酷評したのである（『建築文化』一九五二年一月号）。しかも、続く次号でも、神奈川県立近代美術館を取り上げ、今度は現地にも足を運んで、その細部の意匠について厳しい批評を寄せていく。岸田に他意はなかったのかもしれない。しかし、この出来事の影響なのか、これ以降、東京日仏学院は、坂倉の仕事の中では居場所を失って振り返られることもなくなってしまう。

一方、会館の運営は順調に展開されていったのだろう。竣工から一〇年後の一九六一年には新館が増築されて床面積は倍増し、さらに坂倉亡き後の二〇〇〇年には、マニュエル・タルディッツ氏の設計によって、耐震補強を含む改修工事が施された。

こうして、気がつけば、竣工から六〇年以上も現役で使われてきたことになる。当然ながら、日仏文化の交流拠点としてここを訪れたフランス人の顔ぶれも豪華だ。アンドレ・マルロー、ロラン・バルト、ミシェル・フーコー、クロード・レヴィ＝ストロースらの名前がずらりと並び、すでにそれ自体が戦後の文化交流史を体現する。また、そこに流れた時間の蓄積と通った人々の愛着も加わったのだろう。岸田の酷評は相対化されて、むしろ当時の建築に共通して感じられる透明な空気感が、その小ぶりなたたずまいと相まって、より好ましいものとして現前している。飯田橋周辺では超高層ビルの建設ラッシュが続き、環境は激変してしまった。そんな中、ここだけはゆったりとした静かな時間が流れている。時代を写す歴史的な場所として、遠くフランスへと誘われる空間として、この建築が変わらずにそこにあり続けてほしいと思う。

旧・秋ノ宮村役場

一九五一年竣工　秋田県湯沢市
設計　白井晟一

山里に建つ朗らかな近代建築

二〇一〇年は、生誕一〇五年を迎える建築家・白井晟一（一九〇五〜八三年）の建築と思想を見つめ直す起点の年となり、東京造形大学で七月に開催された展覧会に引き続き、九月十一日から、群馬県立近代美術館を皮切りに、彼の全体像を振り返る没後初となる大規模な回顧展が開かれた。白井晟一は、一九二八年三月、筆者の所属する京都工芸繊維大学の前身校の一つである京都高等工芸学校の図案科を卒業し、哲学を学ぶためにドイツへ渡っている。そんな半ば偶然のつながりから展覧会に加わることになり、彼の遠い後輩にあたる学生たちと模型制作に取り組んだ。その現地調査のため、戦後初期に白井の手がけた建物が数多く残る秋田を駆け足で訪ね歩いた。ここでは、その中の一つ、旧・秋ノ宮村役場を紹介したい。

白井晟一　しらい・せいいち（1905―83）
京都生まれ。1928年に京都高等工芸学校図案科卒業後、ドイツへ留学、33年帰国。主な作品に「歓帰荘」「秋ノ宮村役場」、稲住温泉「浮雲」「原爆堂計画」「善照寺本堂」親和銀行コンピューター棟「懐霄館」等。

秋田の文化団体による招聘をきっかけに

この建物は、一九九一年、国定公園の栗駒山麓に位置する秋田県湯沢市の秋ノ宮温泉郷に移築された後、数年前には内部が卓球練習場へと改装されて現在に至っている。訪れると、秋田杉の緑深い林の向こうに、チョコレート色とアイボリー色の鮮やかなコントラストに外壁を塗り分けられた木造の建物が現れる。そこだけが明るい空気に包まれていて、今見ても新鮮だ。竣工時にはさぞかし村人たちの注目を集めたに違いない。こうして今の場所に移築されたのには理由があった。隣接する稲住温泉旅館の増築である浮雲本館（一九五二年）と玄関（一九五三年）、そして、奥にある四つの離れ（一九五九～六三年）は、いずれも白井の設計によってつくられた。この増築に彼の才能を見抜いた経営者の押切永吉の推薦が契機となって、白井が秋ノ宮村役場を手がけることになったからである。白井は秋田出身ではない。戦後、さまざまな人々との縁が重なって、一九四八年頃から秋田通いが始まり、彼の仕事の一時代が築かれることになったのだという（浅野敵一郎「白井晟一についての断片的ノート」『ＳＤ』一九七六年一月号）。その経緯については、白井自身も、この村役場が建築雑誌に発表された際、次のような文章に書き記していた。

「秋田の文化団体に招かれたのが機縁となり、若し自分の仕事を通じてこの地方の人々に明るい冬を過させ最少の熱燃料であたたかに仕事をしてもらへることが出来るとすれば都会の大きな規模の建物をつくるために働くよりはるかにたのしいことに違ひないと思ふようになった。（中略）一九五〇年の秋、村の民家にモチイフを得てその年

大きな屋根と柱、カーブを描くバルコニーの対比が美しい

2階正面のベランダ

の初冬から五一年の春、木芽のもえだす頃迄橇にのり、ゴム靴をはいてこの労作に通った。嘲笑も悪罵も今ではほほえましい想い出となった。この建物もそれからもはや二度目の冬をむかえようとしているが幸に初期の目的は達し得たようである。雪深い秋田にもやがてはその風土自然に導かれるように民衆のためにほのぼのとした多くの建物があらはれねばならぬ。渺たる一寒村の役場にすぎないこの小作が、この地方の人々にとってささやかな道標ともなり得るならば望外のよろこびである。」

(『新建築』一九五二年十二月号)

伝統を突き抜けた明るい空間

同じ雑誌の巻頭には、丹下健三の東京都庁舎コンペ一等案が掲載されている。そんな時代に、白井は、東京から遠く離れた秋田の地で一人自らの方法と向き合っていたことになる。文中に「村の民家にモチイフを得て」とあるが、むしろその姿からは、白井が、伝統からの単純な引用ではなく、はるか遠くへと踏み出していることがわかる。そこには、戦前のヨーロッパで哲学と歴史を学び、ゴシック建築のモノとしての存在感に魅せられた白井がもち得た、独自の近代建築理解があったのだと思う。伝統の本質に迫りつつ、それを突き抜けた明るい空間こそ、白井がこの建物に求めたものではないだろうか。彼の良き理解者で編集者の川添登(一九二六~二〇一五年)は、岩田知夫のペンネームで記した白井晟一論の中で、次のような評価を行っている。

「日本の民家の、あの大きくかぶさる茅葺屋根、それは自然に対する闘いの強さを示しているが、同時に農民家族の封建的な枠の中に暗くとじこもった姿をも表現している。白井晟一の秋ノ宮村役場では、ゆるく翼をのばした大きな屋根に、自然に対する闘いと、家族的雰囲気をのこしながら、妻をできるだけ開き、バルコニーをもうけることによって、外へひろがる健康さを同時にもたせたのである。」

（岩田知夫「伝統と民衆の発見をめざして」『新建築』一九五六年七月号）

川添は、その少し前の新聞紙上では、「村の民家から得られたモチーフの素朴さと、北欧的なデザインの洗練さが適度に適合して、魅力的なものになっている」（川添登「秋ノ宮村役場―最近の建築から」『朝日新聞』一九五四年六月四日）と評している。この建物から立ちのぼってくる朗らかさの由来とは何なのか。白井晟一の建築の初心的原風景とも言える何かが、旧・秋ノ宮村役場には詰まっていると思えてならない。

西条栄光教会

一九五一年竣工　愛媛県西条市
設計　浦辺鎮太郎

浦辺鎮太郎の出発点となる小さな教会

二〇一一年八月、愛媛県西条市に立ち寄った。以前から見たいと思っていた、浦辺鎮太郎（一九〇九〜九一年）の手がけた小さな木造の教会、日本基督教団の西条栄光教会の見学が目的だった。場所は、市役所西隣の、周囲を約二〇〇メートル角の掘割に囲まれた、江戸時代初期に築かれた西条藩の陣屋跡の北東角にある。南隣には、大手門の遺構を正門としている県立西条高等学校があり、さらにその南側には、浦辺の設計による西条郷土博物館・愛媛民芸館（一九六七年）も建っている。お堀越しに見ると、これら三つの建物が仲良く一列に並び、中でも、シンプルで愛らしい白亜の教会が独特の風情を醸し出していることがわかる。

今回は、突然の訪問にもかかわらず、二〇一〇年四月に赴任したばかりの中本純牧師が快く案内して下さった。教会堂の他に、堀に沿って奥へと続く平屋の幼稚園の園舎と、教会堂と渡り廊下でつながった二階建ての牧師館が併設されており、いずれも浦辺の設計に

浦辺鎮太郎　うらべ・しずたろう（1909―91）
岡山県生まれ。京都帝国大学建築学科卒業後、倉敷レイヨン（現・クラレ）に入社。62年に同社社長の大原総一郎の庇護のもと、倉敷建築研究所（現・浦辺設計）を設立。「倉敷国際ホテル」「倉敷アイビースクエア」など倉敷を中心とした建築作品を多く残した。

よって、同時期に竣工したものだという。幼稚園の園舎は、敷地に対する的確な配置によって、高等学校との間に、子供たちが安心して遊べる中庭のような園庭も確保されている。また、その外観のデザインは、教会堂と同じく、切妻屋根でシンプルにまとめられ、統一感が図られている。一方、牧師館は、対照的に、どこか民芸調のたたずまいだ。

それにしても、後に岡山県倉敷市に数多くの建物を残すことになる浦辺が、なぜ、戦後まもない時期の四国の愛媛県に、このような教会堂を手がけることになったのだろうか。ここでは、西条教会でいただいた貴重な資料、『あゆみ栄光五十年』（西条栄光教会、二〇〇〇年）に収録された、さまざまな証言などから、その建設までの経緯を紹介しておきたいと思う。

お堀越しに見る全景

会社を挙げて教会堂創設を支援

一九二六年創業の倉敷絹織（現・クラレ）は、愛媛県西条市に工場を建て、一九三六年からレーヨン糸の生産を開始していた。終戦後、工員が増えて寮が増設される中、寮生の間からキリスト教を学びたいという願いが出される。この相談を受けた信者の女性舎監が、当時、西条教会の牧師を務めていた戒能団平（一九〇九〜九四年）に相談する。戒能には、戦前に朝鮮や台湾の教会で牧師を務めた後、召集されてフィリピンで敗戦を迎え、約一年

白亜の外観

教会堂内部

の抑留生活を送った経験があった。相談の結果、一九四八年九月から、寮の宿泊室に戒能を招き、聖書研究会が毎週開かれることになる。この活動が実を結んで、翌年の三月には、西条工場ＹＭＣＡが結成され、八月には、会社内に日本基督教団の二種教会として西条栄光教会が設立され、承認される。

一方、この間、アメリカの教団より一〇〇〇ドルの献金が寄せられたことをきっかけに、教会堂建設が決議される。さらに、そこに、倉敷絹織からの多額の援助と、「宣教にとどまらず基督教主義による教育事業、文化事業を行ってはとの助言」を受け、一般からの寄付や信者の献金も加わる。こうして、教会堂だけでなく、幼稚園と牧師館を併設した全体計画がまとまり、一九五〇年九月一日に着工し、一九五一年十月に完成、十一月一日に献堂式を迎える。出席者には、同志社大学総長の大塚節治や倉敷絹織社長の大原總一郎もいた。おそらく、会社を挙げて教会堂建設を支援した背景には、大原の考えがあったのだろう。そして、折しも、当時、倉敷絹織の営繕部長の職にあった人物こそ、浦辺鎮太郎だったのである。献堂式の際、信徒の代表者によって読み上げられた、「西条栄光教会建設経緯」に、次のような記述が出てくる。

「斯して教会堂、幼稚園、牧師館の設計は倉敷レイヨン本社営繕部長浦辺鎮太郎氏が非常な熱意をもってあたられ、幼稚園は最も近代的なスタイルとし、教会は近代色とクラシックを加味し、牧師館は民芸的趣味を加えるなど凡ゆる創意と工夫を払われたのであります。」

さらに、関係者の証言によれば、実は、浦辺本人から、「一生に一度、キリスト教会堂を設計したいから」と、「特に設計の申込み」があったのだという。また、浦辺は、基本構想の段階で、当時、倉敷民芸館の館長を務めていた外村吉之介に意見を仰いだそうだ。こうして、なぜ、浦辺がこの教会の設計を手がけることになったのか、牧師館が民芸調でデザインされたのか、が理解できるものとなる。この建物は、いわば、その後の浦辺の倉敷における設計活動の出発点を成しているのである。

竣工から六〇年、残念なことに、教会堂の玄関扉が既製品のアルミ製に取り換えられるなど、一部に原形を損なうような改造が散見される。しかし、紹介したように、ここには、戦後の厳しい時代に、心のよりどころを求めた信者たちの地道な努力と、それを支えた大原の思い、そして、浦辺の初心が込められている。創設当時を知る信者は、次のような言葉を残している。

「お願いですが、今後、立て替えなどについては、慎重にして下さい。また修理についても、現状を大切にして、できるだけ今の形を残してほしいと思っています。」

この言葉に切実な響きが感じられるとおり、その姿がより良い形で未来へと継承されることを願いつつ、一人でも多くの人々が現地を訪れ、この建物の価値を共有してほしいと思う。

三重大学レーモンドホール

一九五一年竣工　三重県津市
設計　アントニン・レーモンド

建築のもつ力を信じること

三重県津市にある国立大学の三重大学の構内に、アントニン・レーモンドの設計した戦後初期の木造建築が今も残っている、そう伝え聞いたのは、二〇一〇年春に開催された展覧会、『札幌聖ミカエル教会』とアントニン・レーモンド展―日本で発見した木造モダニズム―」(会場・ギャラリーエークワッド)の企画に協力した際のことだった。それが、設計者の名前に因んでレーモンドホールと呼ばれる旧・三重県立大学付属図書館である。

いまだ日本が占領下にあった一九五一年に竣工した、長さ一四間、奥行五間、延床面積約二三〇平方メートルの、今でこそ小さな木造平屋の建物が展覧会で紹介されたこと自体、レーモンド建築の新発見とでも言うべき歴史的事件だった。それにしても、どのような経緯から三重県の大学図書館を遠く離れた東京のレーモンドが設計し、なぜそれがわざわざ国立大学へ移築されて使われてきたのだろうか。そこで今回は、その履歴を追うことで、レーモンドホールが今そこにあることの意味を考えてみたいと思う。

アントニン・レーモンド　Antonin Raymond（1888―1976）
→p.35参照

幸いにも、この建物は、三重大学がその価値を早くから認めていたこともあって、二〇〇三年には国の登録有形文化財に登録された。そして、二〇一〇年の展覧会がその建築的価値に注目を集める転機になったのだろう。二〇一三年度には耐震改修と活用のための改修工事が施され、二〇一四年度からは広く展示や講演会に利用される多目的ホールとしての活用が始まった。その間、保存改修工事の指導・監修を担った三重大学教授の菅原洋一氏が経緯をまとめ、レーモンド研究者の三沢浩氏が寄稿した冊子として、『登録有形文化財三重大学レーモンドホール』（三重大学博学連携推進室、二〇一四年三月）がある。それらの資料をもとに、レーモンドの歩みと建物の履歴を紹介すると次のようにまとめられる。

独自の木造モダニズム建築を構築

一九一九年十二月三一日、東京の日比谷に建設される帝国ホテル（一九二三年）の設計助手として、フランク・ロイド・ライトと共に初来日したレーモンドは、関東大震災直前の江戸情緒を残す古い木造の町並みに接して、自らが求めていたモダニズム建築の原理がごく普通の民家に体現されていることに感動する。ほどなくしてライトの下から独立したレーモンドは、日本の木造の伝統と職人たちの仕事から精力的に学び、独自の木造モダニズム建築を模索していく。

しかし、太平洋戦争目前の日米関係の悪化から、レーモンドは、一九三七年にアメリカへ一時帰国し、フィラデルフィア郊外、ニューホープのクエーカー教徒が切り拓いた農場を買い取り、アトリエを構える。こうして迎えた戦後は、一九四八年に再来日し、設計活動を再開させる。その出発点となったのが一九五一年に竣工する東京・竹橋のリーダーズダイジェスト東京支社である。そして、その現場事務所で、同じ設計思想の下に設計されていたのがこの図書館だった。

レーモンドへ設計が依頼されたきっかけは、進駐軍の軍医から多数の医学書を寄付された三重県立大学医学部の妹尾佐知丸教授が、県に図書館建設を働きかけ、その際、旧制第

赤い鉄板葺き切妻屋根の簡素な外観

丸太材の柱と架構が露出する室内

三高等学校の同級生だったレーモンド事務所の構造スタッフの岡本剛に相談したことに始まるという（妹尾佐知丸「三重県立医専の大学昇格から国立大学移管への歩みを助けた図書館設立の思い出」『三医会会報』第十六号、二〇〇三年）。こうして、県との設計契約を結んだレーモンド夫妻は、伊勢神宮の参詣を兼ねて敷地調査も行い、一九五〇年十二月に設計を終え、大成建設の施工により、翌一九五一年八月十五日に、三重県立大学附属図書館は竣工する。

その後、一九六九年に三重県立大学は国立三重大学に統合されることになる。この時、移転に際して取り壊された校舎の中で唯一移築された建物がこの図書館だった。また、移築後は、一九九〇年まで、三重大学水産学部の食堂として同窓会や謝恩会にも幅広く利用され、在校生のみならず、多くの卒業生や教職員にも親しまれてきた。

内外が一体となった心地良い空間

それにしても不思議なのは、一九六九年に国立の三重大学に統合されるまでの間は、大学に建築学科は存在せず、おそらく、設計者・レーモンドのこともほとんど知られていなかったと思われること、にもかかわらず、この建物が大切に維持されてきたことだ。その理由の一端が、先の展覧会に続いて、二〇一一年十二月四日に三重大学で催されたシンポジウム、「アントニン・レーモンドと木造モダニズム」で明かされた。

会場から発言した三重県立大学医学部の卒業生は、一九六九年の統合にあたって、どうしても図書館だけは移築して残してほしい、と同窓生と請願したのだという。この時、偶然にも、シンポジウム講師として三沢浩氏と共にその場に居合わせた筆者は、その発言を聞いて、レーモンドの建築がもつ簡素で力強い木造の骨組みの質感と内外が一体となる心地良い空間がそうさせたに違いないと思わずにいられなかった。それは、一九五三年に、「私は日本から沢山のことを学んだ。その中で最大のものは、生活の芸術であった」（レーモンド著、三沢浩訳『私と日本建築』鹿島出版会、一九六七年）と記したように、レーモンドが日本から教えられたことでもあったのだと思う。時代を超えて人々に愛されてきたレーモンドホールは、建築のもつ力を信じることの大切さを現代の私たちに伝えている。

旧・井上房一郎邸（現・高崎哲学堂）

一九五二年竣工　群馬県高崎市

設計　アントニン・レーモンド

レーモンドの空間を今に伝える木造住宅

ここで紹介したいのは、群馬県高崎市に残る、地元出身の実業家・井上房一郎（一八九八〜一九九三年）の旧自邸である。なぜ井上邸なのか。それはアントニン・レーモンドの建築の原点ともいえる木造住宅のもっていた意味を、ほぼ正確な形で現代へと伝える貴重な遺構の一つだからである。

井上は、早くから音楽や美術に親しみ、一九二三年には二四歳でパリへと渡る。一九二九年に帰国した彼は、地元群馬の工芸運動を主導し、一九三三年に来日した建築家のブルーノ・タウト（一八八〇〜一九三八年）とも親交を結んで高崎へ招いている。また、ほぼ同じ頃に、レーモンドとも軽井沢で出会っていた。戦後に入ると、群馬交響楽団の創設に尽力し、レーモンドの代表作となる群馬音楽センター（一九六一年）の実現にも貢献する。そして、その後も、当時は新進の建築家だった磯崎新（一九三一年〜）を起用して、群馬県立近代美術館（一九七四年）を実現させるなど、多くの建築家を育て上げたパトロン的

アントニン・レーモンド　Antonin Raymond（1888—1976）
→p.35参照

な存在だった。

その井上が、一九五二年に火事で焼失した自邸を再建する際に、同じ年に東京麻布に完成したばかりで、その空間に親しんでいたレーモンドの事務所兼自宅の自宅部分を、彼の許可を得て写し、敷地に合わせてアレンジして建てたのが、この井上邸である。後年、レ

正面玄関を見る

パティオ

ーモンドも、『自伝アントニン・レーモンド』（三沢浩訳、鹿島出版会、一九七〇年／二〇〇七年新装版発行）の中で、自らの住宅作品の一つとして「高崎の井上邸」の名を挙げている。そこから判断すれば、井上邸は、本人も認めたレーモンド・スタイルの住宅と見なしてもよいのだと思う。一方で、元になった建物のほうは、その後の事務所の移転に伴い、暖炉回りの一部が現在のレーモンド設計事務所に移築されてメモリアル・ルームとして復元されたものの、その姿を消してしまう。こうして、井上邸は、図らずも、もっとも身近な空間である自邸に求めたレーモンド建築の原風景と呼べるものがそのままの形で受け継がれた住宅として、現代に遺されたのである。

広間の窓回り

広間の暖炉回り

合理的で明解に空間を構成

現在、井上邸は、高崎哲学堂として高崎市が管轄する施設になっており、お茶会などの機会に一般公開されている。所在地は、二〇〇八年春にレーモンド展の巡回展が開催された高崎駅前の高崎市美術館の隣接地にあり、ビルが建ち並ぶ駅周辺にあって貴重な緑が残る。その中に、延床面積一九〇平方メートルほどの木造平屋の住宅がひっそりとたたずみ、訪れる人々を迎え入れる。

建物の平面構成の考え方は合理的で明快そのものだ。日本の木造建築の基本寸法である一間（一・八メートル）間隔に長辺方向の柱をのせながら、全体を東西に細長い幅二六・七メートル、奥行七・二メートルの長方形にまとめ、それを玄関部分で二つに分割したプランになっている。そして、玄関をはさんで東側には書斎、応接、寝室を兼ねたゲストハウス的な広間があり、西側にはより日常的に使われる居間、和室の他に、厨房や控室などのサービス部分が配置されている。節目の空間となる玄関奥の中庭テラス（パティオ）は、ガラス屋根から日差しが注ぎ、光と風が通り抜けていく。このパティオは、写真にも残されているように、元になった自邸では、レーモンド夫妻が朝食を取るお気に入りの場所だった。

一方、断面計画もまた、明晰な考え方で貫かれている。興味深いのは、一つの断面矩計図によってすべての空間が形づくられていることだ。短辺方向五・四メートルに独立の丸柱を飛ばし、その上部に杉丸太をボルトで締め付けた鋏み梁と呼ばれる独自の架構を組み合わせることによって、力強くも軽快な小屋組が構成され、それがそのまま仕上げにもなっている。また、東側の広間は、屋根を片流れに切り替えることで、障子の入った高窓が取られ、明るい光が室内を満たしている。こうして、最小限の構造体と露出された空調ダクト、床から天井まで取られた開口部とそこにはめられた障子、簡素な造り付けの棚やオブジェのような暖炉まで、室内を構成するすべての要素が、ただそのものとして存在する潔さをもって空間全体を満たしているのである。レーモンドは、自邸について次のような言葉を残している。

「私は自分たちの生活のために、きわめて実用的で、しかも現代の建物を創造することに成功したと考える。全般に材料供給がほとんどないにひとしく、知るかぎりでは最も困難なその時代に、緊急用住宅問題の合理的な解決を求め、われわれは本当に日本の技術の新しい型を、自分たちの設営のために、形として創った。それは日本の大工のみが実現しうるものであった。われわれが、この目的成就のために、彼らの優れた技術と伝統の長所をとりあげたからである。」

(『自伝アントニン・レーモンド』)

ここからも読み取れるように、レーモンドの自邸には、戦後の厳しい状況だからこそ得ることのできた、日本の伝統や職人の技術から学んだ多くの知恵が盛り込まれていたのだ。そして、その同時代の生きた写しである井上房一郎邸が私たちに伝えるのも、レーモンドが日本から学んだ近代建築のエッセンスなのだと思う。

髙島屋東京店増築

一九五二〜六五年　東京都中央区日本橋

設計　村野藤吾

華麗なる増築デザインの妙

二〇〇九年、東京日本橋にある髙島屋東京店が、百貨店建築としては初となる国の重要文化財に指定された。注目されるのは、建物の一部をなす村野藤吾が設計を手がけた奥の増築部分も含めた全体が一体のものとして指定を受けたことだ。

髙島屋東京店は、もともとは、一九三〇年に公開設計競技で特選に選ばれた高橋貞太郎《ていたろう》の設計案を元に、日本生命が日本生命館として当初から髙島屋に賃貸する目的で建設したものであり、一九三三年に竣工し、髙島屋の日本橋店として営業していた。その後、戦時下の一九四五年三月九日には東京大空襲にも遭遇したが、「宿直防護団員の機敏にして適切な配備と決死的奮闘」（『髙島屋一三五年史』）によって、奇跡的に難を逃れている。そして、戦後復興の中で、村野藤吾が増築部分の設計を四期にわたって担当し、一九五二年から六五年にかけて断続的に増築された。

当初の高橋が設計した旧館部分は、「東洋趣味を基調とする現代建築」という応募要項

村野藤吾　むらの・とうご（1891—1984）
→p.24参照

に沿った典型的な折衷様式であったが、村野は、そこに近代建築の手法を巧みにもち込んで、旧館との調和を保ちながら、清新な増築を行った。ガラスブロックを大々的に用いた外壁や彫刻的でどこかユーモラスな塔屋部分、今はない煙突などに、村野らしいデザインを見ることができる。

この指定により、村野藤吾の建築としては、二〇〇五年の宇部市民館（一九三七年）、二〇〇六年に丹下健三の広島平和記念資料館（一九五五年）と共に戦後建築では初の指定となった世界平和記念聖堂（一九五四年）と併せて、三つの建物が重要文化財としての価値を認められたことになる。これは、近代建築家としては最多であり、村野藤吾の建築がいかに時間の試練にも耐えて大切にされていたのか、そして、それを可能とする建築のモノとしての力が備わっていたのかがわかる。けれども、大阪新歌舞伎座（一九五八年）と同じく、竣工当時の建築界では、村野の仕事の意味は、正確には理解されていなかったのである。

当時の村野建築の評価

その象徴が、日本建築学会が一九四九年に創設した作品賞を巡る村野建築の評価の推移である。第四回となる一九五二年度の受賞候補の最終一〇作品の中に、この髙島屋増築が、大江宏（一九一三〜八九年）の法政大学、レーモンドのアメリカ大使館アパート、吉田鉄郎の北陸銀行などと共に含まれていた。結果は、前川國男の日本相互銀行本店一つだけが選ばれる。審査委員会の幹事・浜口隆一の記した審査経緯に、次のような言葉がある。

中央通りに面する正面外観

旧館と増築の接合部

正面コーナー部分

増築部分外観

「既存部分の伝統的様式主義のデザインとよく調和し、しかも近代的なデザインということが支持理由だった。それには必ずしも反論はなかったが、名建築家としての永い経歴をもち、戦前、宇部市民館その他の傑作をつくっている村野氏として、これで作品賞というのは、ちと喰い足りぬというのが多くの委員の偽らぬ感想だった。村野さんは、いずれもっと素晴らしいものを作るに違いない……というようなわけで、この高島屋は見送ることになった。」
（浜口隆一「学会賞（作品）が決まるまで」『建築雑誌』一九五三年六月号）

髙島屋が宇部市民館と共に重文指定された現在から見れば、不思議にも思える評価だが、当時の審査委員会は、主査の蔵田周忠《ちかただ》、幹事の浜口以下、他の委員として岸田日出刀、坂倉準三、市浦健、谷口吉郎らがいて、前川國男の技術的な近代建築の追求をより高く評価しようとする空気が強かったのである。しかし、翌年の一九五三年度には、村野藤吾の手がけた名古屋の丸栄百貨店が、丹下健三の愛媛県民館、山田守の大阪厚生年金病院と共に、作品賞をはじめて受賞する。その審査評には、前年の評価を意識するかのように、次の言葉が記されていた。

「この建築は既存の二階建の上部に増築されたもので、そこに幾多の拘束条件があったであろうが、よくそれを克服しながら作者独自の奔放雄大な構想と繊細巧緻な感覚とで渾然とした建築造形に纏めあげた点では秀作とすることに誰しも異論のないところだろう。殊に作者が百貨店の商業性に深い理解をもち、これに最も忠実たらんと心掛けたあとを計画的にも意匠的にも見ることが出来るのである。」
（「表彰業績に対する推薦理由」『建築雑誌』一九五四年七月号）

因みに、この年の審査委員は、主査が佐藤武夫、幹事が武基雄、他の委員には東畑謙三、伴野三千良、坂倉準三、前川國男らであり、前年にいた岸田は抜けていた。おそらく、こうした委員構成と複数作品の受賞という審査方針の変化もあって、ようやく村野の戦後的評価がなされたのだろう。そして、近代建築評価を巡る状況を誰よりも自覚していたのが村野自身だった。受賞者の言葉に次のようなフレーズがある。

「あまり合理一偏到では、建物は、栄養不良の秀才の様に血の気のない骸骨になって親しみにくくもなり、人間味もアソビも取り去られて、市場の様な百貨店になるおそれがある。」
（村野藤吾「百貨店・丸栄」『建築雑誌』一九五四年七月号）

合理主義による技術的追求を推進していた当時の建築界には、村野の言う人間味もアソビも見えていなかったに違いない。髙島屋には、その村野の華麗な増築デザインの妙が施されている。

弘前中央高校講堂

一九五四年竣工　青森県弘前市
設計　前川國男

前川國男がはじめて手がけた公共建築

前川國男の処女作・木村産業研究所（一九三二年）は、近代技術への楽観と気候風土への理解不足から、手痛い失敗作となった。にもかかわらず、それは前川と弘前との五〇年にも及ぶ信頼関係の始まりでもあった。戦後に入り、前川の第二作となったのが、この弘前中央高校講堂である。もともと、この建物は、一九〇一年に創立された青森県の伝統校・第一高等女学校の創立五〇周年記念事業として建設計画がスタートする。そして、当時、この高校のPTA会長を木村産業研究所理事長・木村隆三の兄の木村新吾が務めていたことが機縁となって、前川に設計が依頼された。

『八十年史—青森県立弘前中央高等学校』によれば、前川は、一九五〇年九月に現地を訪れて敷地を検分し、十一月には早くも基本設計を終えている。しかし、直前に勃発した朝鮮戦争によって、建築資材の高騰や県財政の窮迫という事態に陥ってしまう。そこで、建物の規模を一割削る苦肉の策を施したものの施工者が決まらず、工事は足踏み状態に陥る。

前川國男　まえかわ・くにお（1905—86）
→p.40参照

こうした中で、木村新吾は、建設促進委員会を結成して自ら代表となり、県への陳情や関係者への支援要請を粘り強く続けていく。そして、地元弘前市の講堂椅子の寄付などの協力を得て、ようやく一九五二年九月に着工、二年後の一九五四年九月に落成式を迎えたのである。

デビュー作の失敗を踏まえて

前川は、庇のない木村産業研究所での苦い経験を踏まえて、完成した講堂には、水平のスレンダーな庇を建物上部にめぐらせた。これによって、外壁とスチール・サッシュの窓面には雨が直接かからなくなり、今もなおその姿は健全に保たれている。一方、木村産業研究所の清新な明るい印象に手ごたえを感じたのだろう。雨のかからない外壁のコンクリート面とエントランス・ロビーは、前作と同じく白色で統一され、水平庇の軒裏には鮮やかな赤色が、外壁のパネルには水色が塗られたのである。また、講堂の内部には、おそらく構造的な意味もあって、二階の客席から両サイドへと続く軽快なバルコニーが設けられた。こうして、厳しい予算の下、簡素ながらも、どこか清々しい雰囲気が建物全体には漂っている。その姿は今見ても新鮮だ。

残念ながら、結果的には、建設工事の大幅な遅れによって、この講堂は、戦後初期の代表作である日本相互銀行本店（一九五二年）や神奈川県立図書館・音楽堂（一九五四年）の間に埋もれる形となり、建築雑誌にも発表されなかった。しかし、それは、前川國男がはじめて手がけた公共建築だった。また、満足なホールをもたなかった弘前市にとってははじめての文化施設であり、一九六四年に弘前市民会館が同じ前川の設計によって完成するまでの一〇年間、文字どおり、文化の殿堂として地域社会の各種行事に大きな役割を果たしていくことになる。

こうした歴史が人々の記憶に刻まれていたからに違いない。二〇〇四年に市民有志で結成された「前川國男の建物を大切にする会」が、弘前工業高校教諭の古跡《こせき》昭彦氏の指導の下、丸二年をかけて、かつて弘前市が寄贈した八〇六席の椅子の傷んだ背板をボランティアですべて補修する作業を見事にやり遂げたのだ。

さまざまな人々への思いと記憶と共に

最後に、この講堂にまつわる個人的な想い出を記しておきたい。二〇〇五年に実現した「生誕一〇〇年・前川國男建築展」が二〇〇六年春に弘前へ巡回された際、「建築家・前川國男生誕一〇〇年祭〈弘前で出会う前川國男〉」というシンポジウムが、他でもないこの講堂で催され、筆者が司会を務めた。そのパネリストとして飛び入りで参加したのが、設計を担当した鬼頭梓（一九二六〜二〇〇八年）さんだった。「いやあ、懐かしいですね、ものすごく。」と嬉しそうに切り出した鬼頭さんは、次のような貴重な証言を残している。

「一九五〇年に卒業して一九五一年に担当、一人でやったと思えないんですけど、だれに手伝っていただいたかもよく覚えていません（笑）。ただ、前川さんが、非常に何べんも言われたのは、弘前は凍害が恐ろしいから、凍害には気をつけろ。……前にやった木村産業研究所の鉄筋コンクリートの庇は凍害でボロボロになって、鉄筋が餅網みたいになっちゃった。……だから鉄筋コンクリートは裸では絶対に出してはいけないと。それから、雨樋を外に出してはいけないと。外に出すと、雪が溶けて入ってきても、またそれが凍ってしまって、水がはけなくなる。雨樋は中に入れなきゃいけない。そういうことを言われたのをよく覚えています。」

（『〈弘前で出会う前川國男〉記念誌』前川國男の建物を大切にする会発行、二〇〇八年）

雪景色の中の正面外観

2階バルコニーから見る講堂内部

実は、後からわかったことだが、鬼頭さんはこの時すでに重い病を患っていた。だからこそ、前川事務所に入所した直後の若き日に担当した懐かしい建物の姿を一目見届けようと、偶然を装って弘前に現れ、シンポジウムに飛び入り参加したのである。それからわずか二年後の二〇〇八年八月に鬼頭さんは亡くなってしまう。また、椅子の補修プロジェクトを指導し、前川國男展のために、生徒たちと弘前市民会館の模型制作にも尽力された古跡先生は、補修の完成も、展覧会も見ることなく、二〇〇五年九月に急逝されてしまった。さまざまな人々の思いと記憶の詰まったこの建物が大切に使われていくことを願わずにはいられない。

神奈川県立図書館・音楽堂

一九五四年竣工　神奈川県横浜市

設計　前川國男

「一筆書き」の空間構成の実現

前川國男は、戦時下に自らの方法を模索した前川國男自邸と在盤谷日本文化会館コンペ案を最後に、一九四五年八月の敗戦の日を迎えている。それは、銀座の事務所を戦災で失い、自邸の居間からの苦しい再スタートでもあった。一方、戦後の建築界では、疲弊した経済の下、資材統制が実施され、木造による過渡的な状況が続いていた。けれども、前川は、木造の組立住宅プレモス（一九四五〜五一年）によって、建築の工業化の模索を開始する。そして、ようやく資材統制が解除された一九五〇年以降、鉄とコンクリートを用いた近代建築が実現できるようになる中で、日本相互銀行本店（一九五二年）に続いて手がけたのが、神奈川県立図書館・音楽堂である。

この建物は、一九五二年十二月、前川の他、坂倉準三、丹下健三、武基雄、吉原慎一郎（一九〇八〜二〇〇九年）の五者による指名コンペによって、前川案が選ばれて実現した。審査員は、岸田日出刀、堀口捨己、佐藤鑑らが務めている。折しも、同じ年の四月二八日、

前川國男　まえかわ・くにお（1905—86）
→p.40参照

日本は、サンフランシスコ講和条約が発効して占領下からの独立を果たし、ようやく戦争の荒廃から立ち直りかけたところだった。とはいえ、いまだに厳しい状況下にある中で、図書館と音楽堂という不思議な組み合わせはどこから生まれたのだろうか。

戦後の人々の心のよりどころとして

その生みの親となったのが、外交官出身の神奈川県知事、内山岩太郎である。このプロジェクトに先立ち、内山が実現させたのが、同じく指名コンペで選ばれた坂倉準三の設計によって実現した神奈川県立近代美術館（一九五一年）である。内山の強いリーダーシップで誕生したこの美術館は、戦争で疲れた人々の心のよりどころとなる建物として高い評価を受けていく。その成功を受けて、彼が次に構想したのがこの図書館と音楽堂であった。竣工から四年後、内山は次のような回想を残している。

「この建設事業は講和記念事業の一環として発企したものであるが、当初は当時神奈川県が当然持つべくして持っていなかった県立図書館を速やかに建てようという話から始まったもので、たまたま県在住の音楽家からの音楽堂建設についての強い要望を胸に秘めていた私が、これに音楽堂を併置するという構想をうち出したのが図らずも、各方面の熱烈な支持を受けて実を結んだのであった。当時は住宅事情なども現在よりはるかに深刻であり、その他何かにつけて不如意な時代であったので図書館はさておき音楽堂の建設などに莫大な県費を使うなどもっての外のことといきり立つ人もないではなかったが、私はこういう時代にこそ、大衆が落着いて音楽を楽しみ、明日への力を養う場所が最も必要であるとの所信を胸中に堅持していた。」
（内山岩太郎「建築家前川君と神奈川県立図書館・音楽堂」『日刊建設通信新聞』一九五九年二月二〇日）

計画当時の新聞記事にも、「県立図書館を計画　音楽ホールを併設」（『神奈川新聞』一

建物全景　図書館（左）と音楽堂

九五二年四月二七日）とあり、音楽堂がいかに困難な時代に構想されたのかがわかる。しかし、内山らの胸中には、戦後、ナチスの空爆によって廃墟と化したイギリスのロンドンに、一九五一年、戦後復興の象徴としていち早く建設されたロイヤルフェスティバルホールという目標があった。だからこそ、指名コンペに当選後、前川はさっそくロンドンへ飛び、このホールの詳細な音響計画の報告書を手に入れて、担当スタッフの大高正人（一九二三〜二〇一〇年）や、この仕事をきっかけに建築音響の道を歩むことになる大学院生だった石井聖光（一九二四年〜）らに学ばせ、最高の音を目指したのである。こうして誕生した音楽堂は、ヘンリック・シェリングなど名演奏家から絶賛され、高い評価を得ていく。

音楽堂ロビー

図書館の閲覧室

そして、併設された図書館も、先駆的な開架式図書館として活動を始める。因みに、この図書館を担当したのが、独立後に図書館建築の第一人者となっていく鬼頭梓だった。

内外の空間が「一筆書き」となるようなプランニング

ところで、この建物には、前川が、戦時下の在盤谷日本文化会館コンペ案の作成を通して発見した独自の考え方が盛り込まれていた。それは、図書館と音楽堂の二つの棟をずらして配置し、閲覧室やロビーをガラス張りにして外部と連続させることによって、内外の空間が流れるようにしてつながるプランニング（平面計画）の方法論である。前川は、これを「一筆書き」と呼び、繰り返しスタッフに伝えたという。筆者には、前川が「この建物の完成が嬉しくてしょうがない様子だった」と石井氏から聞いた記憶がある。それは、戦前から温めてきた空間構成の方法論をはじめて実現できた喜びだったに違いない。そして、その証拠に、これ以降の前川建築、例えば、京都会館（一九六〇年）、埼玉県立博物館（一九七一年）、熊本県立美術館（一九七七年）などを見るとき、そこには、この方法論を純化させていった確かな道程が読み取れると思う。その意味で、この神奈川県立図書館・音楽堂は、戦後復興の象徴であると同時に、前川の原点でもあり続けたのである。

ＮＨＫ富士見丘クラブハウス

一九五四年竣工　東京都杉並区浜田山
設計　前川國男

前川が追求した木造モダニズムの原型

このまま跡形もなく姿を消してしまうのだろうか。二〇一五年五月、近くに暮らす市民の一人から、現在私が代表を務める近代建築の保存を提唱する国際学術組織の日本支部であるDOCOMOMO Japan事務局に貴重な情報が寄せられた。それは、前川國男が戦後初期に手がけた小さな木造建築として知られる旧・ＮＨＫ富士見丘クラブハウスの取り壊しを含む公園計画が進んでいるという内容だった。その文面には、「この建物は敷地がＮＨＫの保養施設だった頃から施設全体のシンボル的な建物で、近隣住民にも親しまれていましたので、新しい公園計画においてもこれを活かしながら保存するような計画に変更して欲しい」との切実な願いも綴られていた。

堂々とした風格と伸びやかな空間

この建物は、東京都杉並区浜田山の玉川上水沿いにＮＨＫが所有する運動場の一角に職

前川國男　まえかわ・くにお(1905―86)
→p.40参照

骨太な構造と大庇が印象的な正面外観

伸びやかな2階のバルコニー

員のための保養施設として建てられた。竣工当時の平面図を見ると、一階に更衣室や浴室などがあり、二階には食堂と厨房が配置されている。寄せられた市民の言葉にもあるように、長い間、NHKの職員だけでなく広く市民にも開放され、普段使いされて親しまれてきたのだろう。私も二〇〇〇年に現地を訪れたことがあり、写真はその際に撮影したものだ。広いグラウンドに面して建つクラブハウスは、八寸の杉丸太とヒノキ材などを用いながら、水平の補強材やスチール製の引張材を巧みに利用して、木造とは思えない堂々とした風格と伸びやかな空間が息づいていた。因みに、設計を担当した田中清雄の文章には、「フォルムは力強く、人間をして生きる喜びを与えるもの、そういう建築を私は創りたい」(『新建築』一九五七年九月号)と記されていた。

そんな歴史と思いが込められた建物だが、公表されている資料によれば、数年前から、「(仮称)都立高井戸公園」として整備する計画が進められ、隣接する国立印刷局の運動場と王子製紙のグラウンドに続いて東京都が二〇一五年二月に買収し、この秋から整備工事に着手するという。周辺も含め都立公園として整備されること自体は喜ぶべきことに違いない。それでも、市民のための公園として整備する際に、なぜ人々に親しまれてきた建物を取り壊す必要があるのだろう。公園計画を立案する過程で、周辺住民との対話やこの場所の歴史的な経緯の確認がおろそかにされた結果なのだろうか。

しかし、改めて見直すとき、このクラブハウスには次のような特筆すべき歴史的な意味と価値があることにも気づかされる。この建物は、『新建築』一九五七年九月号の巻頭に掲載された。室内の延床面積が二〇〇平方メートルほどの小規模な木造建築が、なぜ竣工から三年近く経過した時点で巻頭に取り上げられたのだろうか。その冒頭には次のような編集者の言葉が添えられていた。

「竣工は昭和二九年末というから、(中略)かなりの旧作である。それを敢えて紹介したのは、素材と技術にたいする建築的な把握が適確であり、日本の木造建築の伝統のなかで培かわれたスケールの感覚が力強く生きているのを感じたからであった。『伝統と創造』の問題にたいするアプローチの現在までの成果の上に立って考えてみても、なおかつ、新鮮に訴えてくるものをもっている作品といえるように思う。」

おそらく当時の編集部員であった宮内嘉久《よしひさ》によって記されたと推測されるこの紹介文からは、木造建築の伝統を現代へ活かす方法が明快に示されたことに対する共感が読み取れる。さらに、そこに、同じ一九五四年に竣工した神奈川県立図書館・音楽堂や弘前中央高校講堂、続くブリュッセル万国博覧会日本館(一九五八年)や京都会館(一九六〇年)、東京文化会館(一九六一年)を並べ、最晩年の次のような前川國男の回想を付け加えるとき、見えてくる道筋がある。

「結局ぼくは、合理主義建築というものの限界を見たような気がして、建築というものは、たとえば経済的な合理性ばかりを追求してもどうにもならないんだというようなことを身につまされて知ったわけだ。(中略)コルビュジエは近代建築というものはラショナリズムの建築だとはっきりといっていたけれども、ぼくはそのラショナリズムの建築というのはそのままでは日本ではやせた建築になっていくと思った。やせた、老いさらばえた建築を近代建築で合理化、正当化するのはまずいと思って、そのころやたらと大きな屋根のある建物を設計した。」

（『新建築』一九八四年一月号）

前川は、近代建築の行方に対する危機感から、そして、おそらく雪深い弘前での手痛い失敗から、この時点で日本の伝統的な建築の屋根に注目し、それが建物に象徴性と雨露を凌ぐ原理性を与えることに気づき、この小さなクラブハウスにおいてその手がかりとなる実践を試みたのだろう。極論すれば、このクラブハウスには、大階段と大庇、奥行の深いバルコニー、室内と外部が一体となって周囲の風景へとつながる空間構成など、前川が追い求めた公共空間の原型がはじめて具現化されていると言ってよいと思う。それは、戦時下に伝統と向き合った前川國男自邸（一九四二年）に続く貴重な遺産に他ならない。その姿が次の時代へと引き継がれ、市民の寄り集う場所として再生されることを願わずにはいられない。

追記　その後、DOCOMOMO Japanからも保存活用要望書が東京都へ提出されたが、文化財としての価値はないとして、二〇一六年、あっけなく取り壊された。

三里塚教会

一九五四年竣工　千葉県成田市

設計　吉村順三

時代を目撃した祈りの場

吉村順三が手がけた唯一の小さな木造教会が千葉県成田市に現存する、そう聞いたのは、二〇一三年秋開催の展覧会「三里塚教会物語と吉村順三展」（ギャラリーエークワッド）の企画協力を依頼された時だった。彼の師のアントニン・レーモンドが聖ポール教会や聖アンセルモ教会など多くの教会建築の名作を残したのに対し、吉村は一つしか設計していないことにも驚かされた。同時に、一九五四年に竣工したその三里塚教会に興味を覚えた。こうして、二〇一三年九月、大学院生二人と模型制作のための実測調査に現地へと向かった。

訪れると、周囲には農村の面影が残る。しかし、わずか四〇〇メートルほど先には巨大な成田国際空港（一九七八年）の敷地が広がり、ジェット機の爆音が轟《とどろ》いていた。それにしても、教会の竣工当時、周囲はどんな風景だったのだろうか。そのことをうかがい知ることのできる対談がある。パリ郊外の農村バルビゾンの風景を描いた画家のミレーを引き合

吉村順三　よしむら・じゅんぞう（1908—97）
東京の呉服商の家に生まれる。1931年東京美術学校（現・東京藝術大学）卒業後、アントニン・レーモンドに師事。41年吉村順三設計事務所を開設。東京藝術大学で教鞭を執る。主な作品に「軽井沢の山荘」、皇居新宮殿の基本設計、愛知県立芸術大学キャンパス計画等。

いに出しながら、次のように語られていく。

「私の印象に残るミレーの言葉は「私は農民の子である。生涯農民で終わる」という一言です。決して「生涯芸術家で終わる」とは言っていない。そこに彼の面目躍如たる

アプローチから見る教会全景

内部の礼拝堂を見下ろす

ものがあると思うのですよ。それとミレーの作品にあらわれてくるあの風土。私自身やはりミレーと同じような環境に生まれ育ったのじゃないかということをたえず感じてきたのです。あなたは戦前の三里塚をごぞんじでしょうか。成田からバスにゆられて三〇分、私の三里塚すなわちバルビゾンですね。その三里塚に入ってくると、ちょうどミレーの「晩鐘」とか「落穂拾い」の背景のような平原が開けてですね。放牧の馬や牛、草を食む白い綿羊の群れがまあ点々と見える。展覧会前の制作時期、七、八月頃になると、画家たちが次から次へとやってくる。私は小学生、中学生のころ、画家たちのあとをついて歩き、これと思う画家の横に画架を並べていっしょに絵を描いたこともある。あらゆる風物が牧歌的で、ミレーの作品を日本に再現したのが私のふるさとではないかと思っていました。」

（対談「三里塚とミレー」『実存の戸村一作』れんが書房新社、一九九九年）

三里塚の農村風景に魅せられて

この発言者こそ、吉村に三里塚教会の設計を依頼した戸村一作（一九〇九〜七九年）である。彼は、かつてこの近くにあった「皇室の牧場」として知られた下総御料牧場の厩の世話役として雇われ、退職後に農機具商を営んだ祖父の仕事を受け継ぎながら、鉄材を使った彫刻家としても知られた敬虔なキリスト教信者だった。残念ながら、戸村がどのような経緯で東京芸術大学助教授の吉村に設計依頼したのかはわからない。しかし、吉村が三里塚の農村風景に魅せられたことが想像できる。というのも、吉村には、設計依頼を受ける一九五三年までの間に、それに感応する次のような経験があったからだ。

一九二六年に東京美術学校へ入学した吉村は、建築雑誌に掲載された模型写真に惹かれてレーモンドの自邸を探し出し、それをきっかけに彼の事務所に通い始める。一方、レーモンドは、日本の木造民家や集落の中に自らの目指す建築のエッセンスを見い出し、精力的な設計活動を始めていた。この時、そのまま所員になった吉村は、レーモンドにとって日本文化の案内役として重宝がられたに違いない。だが、日米関係の急激な悪化から、レーモンドは一九三八年にアメリカに帰国し、翌年にはフィラデルフィア郊外のニューホープに敬虔なクエーカー教徒たちが切り拓いた農場を買い取り、アトリエを構える。そして、そこに吉村を呼び寄せたのである。こうして、一九四〇年五月、吉村は単身アメリカへと渡る。当然ながら、このアメリカ滞在は長くは続かず、太平洋戦争直前に断ち切られ、吉村は、一九四一年八月、最後の帰還船で日本へ帰国する。けれども、日本から遠く離れた孤独な生活の中で、吉村は、周囲の簡素な民家や農場の納屋に魅せられ、たくさんのスケッチを描き、カラースライドに多くの写真を納めていた。そこには、生活の中で培われたものに対する共感と敬意が読み取れる。そして、だからこそ、十数年後に訪れた三里塚のビロードのような赤茶色の畑と松林、御料牧場の周囲に咲き誇る一〇万株の桜が織りなす風景に同じものを感じ取ったに違いない。

内部に広がる清新な祈りの空間

三里塚教会は、赤い鉄板屋根、柱を露出させた真壁構造の外観、漆喰塗りの白壁と杉板のドイツ下見板張りの外壁からなる質素な建物だ。もし鐘楼がなければ、ごく普通の農家にしか見えないだろう。しかし、内部に入ると、思いのほか広い礼拝堂が現れる。天井面に小屋組みが露出し、レーモンドの聖ポール教会を思わせる。むしろ、力まずに簡素にまとめられ、中でも祭壇の背壁の扱い方が秀逸だ。中央部が外側へずらされて両側のスリット窓から自然光が入り、柱と梁がさりげなく十字架の形に浮かび上がる。吉村がデザインした長椅子や祭壇も含めて、清新な祈りの空間が広がる。

しかし、一九六六年、突如、国際空港建設が閣議決定され、環境は激変する。戸村は開墾移民たちが育てた農地を守るために亡くなるまで反対同盟の委員長として尽力する。だが、建設は強行され、彼の愛した農村風景は失われた。それでも、激動の戦後史を目撃した三里塚教会は、その意味を問う場として今も静かな時を刻んでいる。

世界平和記念聖堂

一九五四年竣工　広島県広島市中区幟町《のぼりちょう》

設計　村野藤吾

神父に寄せた思いがこもる祈りの空間

世界平和記念聖堂は、広島の戦後復興の象徴である。この建物の計画は、一九四五年八月六日、投下された原爆によって壊滅した聖堂の再建を決意したラサール神父という一人の被爆者の願いに始まる。厳しい社会状況の下、四年の歳月をかけて建設され、原爆投下から九年後の一九五四年八月六日に献堂式が行われた。今はビルに取り囲まれているが、竣工当時の写真には焦土に凛として建つ清楚な聖堂の姿が写っており、広島の人々にはかり知れない励ましと勇気を与えたことが伝わってくる。

よく知られているように、もともと、この聖堂は、一九四八年に行われた戦後初の公開競技設計によって、それにふさわしい設計案を求める予定だった。しかし、一七七点の応募があったにもかかわらず、実施されるはずの一等案は選出されなかった。また、二等に丹下健三、三等に前川國男が入選したこともあって、大きな論議を呼んだ。中でも、翌年一九四九年の広島平和記念公園及び記念館競技設計で、丹下案を一等に選ぶことになる東京

村野藤吾　むらの・とうご（1891―1984）
→p.24参照

大学教授の岸田日出刀は、『「一等の価値あるものなし」との理由で一等がオミットされたことは、わが国の建築競技設計の審査に最も悪い前例をつくったものであり、（中略）審査員側の不見識と権威のなさに痛憤を感ずる』と厳しく批判したのである（岸田日出刀「一等必選」『建築雑誌』一九四八年七月号）。そして、紆余曲折の末、審査員の一人だった村

正面から見た聖堂の外観

陰影ある表情が印象的な側面

野藤吾が無償で設計し、現在の姿になった。

コンペで問いかけられたもの

このような岸田の批判やその後の不透明な設計の経緯を超えて、ここで注目したいのは、この聖堂のコンペで問われたことが、村野が実現させた聖堂の質感と共に、戦後のモダニズム建築をめぐる重要な視点に触れていることだ。そのことは、村野と共に審査員を務めた今井兼次（一八九五～一九八七年）の審査評からも読み取れる。

「モダーンという条件のみを強く意識した為に、（中略）ややもすれば世人を驚愕せしめるやうな主観的革新的な創意によって実験を試みんとする傾向のものが提案せらる傾きもあった。」

（今井兼次「審査に携はりて」『平和記念広島カトリック聖堂建築競技設計図集』洪洋社、一九四九年）

コンペの要項には、「モダーン、日本的、宗教的、記念的と云う要求を調和させる事が此の競技設計の主眼である」と明記されていた。しかし、丹下案も前川案も、これらの要求のうち、モダーンと記念的という要求だけに設計上のテーマを絞り、最先端の構造技術を用いた大胆な造形表現を提示したのである。審査した時点の村野は、次のような審査評を書いている。

「いつまでもコルビュジエの建物の構想から図面の仕上の末梢に至るまでつきまとって居るのには驚きもするが、私には、またかと云う風に感ぜられた。これなどはいい加減捨象されていいのではないかと云って見たくなる様に思ふ。」
(村野藤吾「審査」『建築雑誌』一九四八年八月号)

名指しこそしていないものの、村野は、丹下案と前川案を念頭にこう記したに違いない。けれども、その一方で、村野の仕事を振り返るとき、ル・コルビュジエとの関係には興味深いものがある。戦前の独立直後に手がけた、大阪パンション(一九三二年)や中山悦治邸(一九三四年)には、あきらかに彼からの影響が読み取れるからだ。おそらく、村野は、四歳年長で、モダニズムの最前線にいたル・コルビュジエをライバル視し、いち早くそのデザインを取り入れることで、その本質を見極めようとしたのだ。そして、むしろ、エストベリのストックホルム市庁舎に代表される北欧建築に共感し、ル・コルビュジエの建築がもつ前衛的なモダニズムの脆弱な危うさに気づいたのだと思う。そこには、建築は、時間の中を生き、人々の気持ちへ届かない限り、本物にはなり得ないとする村野の一貫した建築観がうかがえる。また、最終的に聖堂の設計を引き受けた背景には、ラサール神父に寄せた深い共感があった。聖堂が一九五五年度の日本建築学会賞を受賞した際、村野は次のような文章を記している。

「ある日、私は、神父を汽車中で見かけたことがある。あの長身をまるで、二つに折る様にして三等車の人混みのなかに腰かけながら、疲れの為めにうたた寝をして居られたが、その手から聖書が落ちそうになっておるのを見た時私は感に打たれて、もう何もいらないから神父の発願に協力してあげたいと思った。」
（村野藤吾「聖堂の建築」『建築雑誌』一九五六年六月号）

こうして、聖堂の設計で村野が向き合った課題の大きさが見えてくる。教会側も自由な村野の提案を何度となく拒否し、簡素で穏やかなデザインを求めたという。結果的に、村野は、ドイツの建築家パウル・ボナーツの方法に倣い、それに日本的風格を与えることを意図して、露出したコンクリートの柱と梁で構成され、現場で製作されたコンクリートレンガを積んだ、簡素で重厚なデザインで全体をまとめたのである。竣工直後、村野は、「一〇〇年後になったら何とか見られるようになりましょう」と語ったという。時を重ねた世界平和記念聖堂は、今も、村野が見つめていた、人々のための祈りの空間とは何か、を語りかけている。

広島平和記念資料館

一九五五年竣工　広島県広島市中区中島町

設計　丹下健三

平和をつくりだす工場であり続けるために

二〇〇六年春、戦後の建築としてははじめて、村野藤吾の手がけた世界平和記念聖堂と、丹下健三（一九一三〜二〇〇五年）の手がけた広島平和記念資料館の二つの建物が、国の重要文化財に指定された。いずれも、世界で最初に投下された原爆によって廃墟と化した広島の戦後復興を見守ってきた建物であり、この指定には、そのことへの思いが込められているのだと思う。それでは、丹下はこの建物に何を求めたのだろうか。ここではそのことについて考えてみたい。

よく知られているように、この建物は、一九四九年に実施された広島市平和記念公園及び記念館競技設計で、一四五点の応募案の中から丹下健三案が一等に選ばれて、建設されたものだ。しかし、当時の厳しい経済状況もあって建設は遅々として進まず、ようやく終戦から一〇年目にあたる一九五五年に資料館と慰霊碑が完成し、その年の八月六日、五万人の参列者を迎えて平和記念式典が開催されている。丹下の建築家としての生涯にとって

丹下健三　たんげ・けんぞう（1913—2005）
大阪府生まれ。1938年東京帝国大学工学部建築学科卒業後、前川國男建築事務所に入所。第二次世界大戦後から高度経済成長期にかけて都市計画の研究・業務に携わり、多くの国家プロジェクトを手掛ける。代表作に「広島平和記念資料館」「国立屋内総合競技場」等。

慰霊碑越しに見る原爆ドーム

平和記念資料館を慰霊碑側から見る

実現した最初の建築であり、彼の名を世界的なものにする起点ともなっていく。
その一方で、この建物は、丹下が戦時下に一等を獲得した二つのコンペ、大東亜建設記念営造計画（一九四二年）と、在盤谷日本文化会館（一九四三年）との連続性が指摘され、戦争賛美と平和の象徴が同じデザイン・モチーフであることが繰り返し問題視されてきた。

けれども、そのような批判を超えて、もし丹下のこの広島のコンペ案がなかったら、一九九六年にユネスコの世界遺産に登録された原爆ドーム（旧・産業奨励館、ヤン・レッル設計、一九一五年）は存続できず、結果的に、この地が平和の象徴としての意味をもち得なかったのではないだろうか。当時を振り返った丹下自身の次のような回想が残されている。

「終戦直後、戦災復興院の委嘱をうけて、破壊された各都市の復興計画を立てることになった時、私は率先して広島担当を申し出た。いま広島に行くと原爆症にかかって死んでしまう、草さえも一本も生えぬであろうなどとうわさされていたが、私はたとえわが身が朽ちるとも、というほどの思いで広島行きを志願した。楽しい高校生活を送った土地であると同時に、私が父母をほぼ同時に失ったその時に、大難を受けた土地である。なにか大いなる因縁というものを感じざるを得なかったのである。（中略）焼けこげた市庁の地下室にわずかに残っていた資料を基に、新しい広島市のマスタープランをつくるのが私たちの仕事である。（中略）わずかな配給を受け、空腹を抱えながらの毎日であった。」

（丹下健三『一本の鉛筆から』日本経済新聞社、一九八五年）

「ドームをシンボルとして残すべきだ」

丹下は、広島の復興計画立案のために、志願して現地入りする中で、誰よりも、原爆ドームの果たす意味を確信したに違いない。だからこそ、同じ回想の中で次のように記すのである。

「川の向こうに、ドームの鉄骨をむき出しにしたままの産業奨励館が悲しい姿を残していた。（中略）議論は二つに分かれていた。悲惨な姿は平和時にはそぐわないから取り払おうという意見と、いや悲惨だからこそ残そうという考えである。私は残すべきだと思った。原爆の恐ろしさ、残虐さ、非人間性、そうしたことを永久に忘れないために、もう二度と人類が原爆を使用しないために、このドームはシンボルとして残すべきだと考えた。」

この丹下の回想を裏づけるかのように、コンペの時点でも、審査員の岸田日出刀は、「審査評」の中で、「原子爆弾洗礼の記念的な残骸である元産業奨励館――一部にはこれを取り払うのをよしとする論もあるようだが、これは昭和二〇年八月六日の活きた記録としていつまでも後世に残り伝えるべきものであることを強くここで主張したい」（『建築雑誌』一九四九年十・十一月号）と記し、そのことを自覚した丹下案の配置計画を高く評価していた。さらに、原爆ドームを保存しようとする思いは、丹下や岸田だけに共有されていたのではなかった。終戦直後、空襲で被災し、倒壊の恐れがあった建物を国庫補助で処分する「危険建造物整理事業」が始まる。その時、自らも被爆し、奇跡的に助かった広島県の担当者は、「犠牲者を忘れないためにも「原爆ドームは残さなければ」と心に誓い、「整理事業予算の内示のため広島市を訪れた内務省の職員に、「産業奨励館だけはその対象から外したい」と打診し、最終的に補助金は辞退した」のだという（朝日新聞広島支局『原爆ドーム』朝日文庫、一九八八年)。
そして、このように、絶望的な状況にありながらも、現地で共有された思いを基に、丹下は、「単なる記念碑では絶対にあってはならない」として、次のような発想でコンペ案を作成する。

「平和は祈ることによって与えられるものではない。平和は建設されるものである。新しく設けられる記念館は平和をつくりだす工場でありたいと思う。」
(『建築雑誌』一九四九年十・十一月号)

地元広島の市議会が原爆ドームの保存を全会一致で決議し、これを受けて市長が保存を最終的に表明したのは、こう丹下が記してから一七年後の一九六六年夏のことであった。この広島平和記念資料館には、戦争の記憶を次の世代に伝えるために、何を手がかりとし、何を構想することが大切なのか、を見定め、そのために、建築が「平和をつくりだす工場」であり続ける方法とは何か、を追い求めた丹下健三の思いが込められている。

法政大学55・58年館

一九五五・五八年竣工　東京都千代田区富士見

設計　大江　宏

自由な精神を宿す空間を求めて

二〇一〇年十二月二五日、「大学が未来にわたすもの―法政大学55・58年館の再生を考える」と題された見学会とシンポジウムが開かれた。これは、大江宏（一九一三〜八九年）の戦後初期の代表作で実質的なデビュー作でもある「法政大学55・58年館」の取り壊し計画の発表を受けて、十月に急きょ結成された「再生を望む会」の主催で行われたものだ。年末のあわただしい中、約二〇〇名が東京・市ヶ谷の外堀に面する大学キャンパスに集まった。ここでは、パネリストの一人として議論に加わった立場から、この建築に託されたものとは何かについて書き留めておきたい。

丹下健三と同級生であった大江が、東京帝国大学建築学科を卒業したのは一九三八年、すでに日中戦争が始まっていた。そんな過酷な時代にあって、大江が憧れたのは、W・グロピウス（一八八三〜一九六九年）の設計したバウハウス・デッサウ校舎（一九二六年）や、イギリスのリュベトキン＆テクトンの手がけた集合住宅ハイポイントⅠ（一九三六年）

大江 宏　おおえ・ひろし（1913―89）
秋田県生まれ。父は明治神宮宝物殿の設計者、大江新太郎。1938年東京帝国大学工学部建築学科卒業。文部省、三菱地所を経た後、46年大江新太郎建築事務所継承。50年法政大学工学部教授に就任。代表作に「乃木神社」「国立能楽堂」等。

といった、明晰で清新なインターナショナル・スタイルの白く輝く近代建築だった。おそらく、そこに大江は、自由な精神の姿を見ようとしたのだろう。

一方、明治時代の自由民権運動の流れを汲むリベラルな学風で知られた法政大学も、戦争へ突き進む時代にあって、激しい弾圧の嵐にさらされていく。共に法文学部の教授と講師だった哲学者の三木清と戸坂潤は相次いで治安維持法で検挙され、二人は終戦前後に獄

正面から見た55•58年館

南東につくられた庭園

死し、戦後世界を見ることはできなかった。さらに、空襲によってキャンパスの三分の二を焼失、壊滅的な状況で敗戦を迎える。そして、戦後復興にあたり、法政大学が総長に迎えたのが、やはり戦時下の弾圧によって東京帝国大学を追われた経験をもつ経済学者の大内兵衛（一八八八〜一九八〇年）だった。一九五〇年七月、総長就任にあたって、彼は次のような決意を述べている。

「学園とは、美しい建物と美しい庭園とそして大きい図書館と立派な学生ホールとである。（中略）私は、法政大学が大志をいだく大学であることを信じ、また本学の教授と学生とは、新しい日本の民主主義のためにみな大志をいだいているものたることを信じます。そしてそういう志あるものにとっては、不完全なる設備のもとにおいても、貧しい生活条件のもとにおいても、なお学問する方法はあるということ、そういうふうにして学問をやるうちに、かえって真実の学問、貧しい人民のための学問が育つのではないかとも考え、またそうしていつの日かは、立派な学園がその悲愴な決心のうちにできあがるであろうと考えるのであります。」

（大内兵衛「日本の独立と私学の責務—法政大学総長就任の辞—」『世界』一九五〇年十一月号）

近代建築への思いを託す

この大内の悲願を受けて、大学の再建と復興を担ったのが、同じ年に発足した工学部の教授に着任した大江宏に他ならない。大江は、戦争で断念を余儀なくされていた近代建築への思いを、このキャンパス計画に注ぎ込んだのだろう。いまだ占領下の厳しい環境の中、一九五一年春から設計を進め、「53年館」（一九五五年解体）を端緒に七年半をかけて順次整備していったのである。興味深いことに、大江の生涯には、幼少期に接したジョサイア・コンドルが手がけた東京帝国大学のレンガ造でゴシック様式の校舎に感じた畏敬の念に始まる学校建築への深い考察と、近代建築への冷静なスタンスがうかがえる。法政大学の一連の校舎が竣工する一九五八年の時点で、次のような文章を記している。

「最近四国にある高等学校を見た。（中略）明治二〇年代から三〇年代にかけて建てられた幾棟かの校舎が今でもそのまま使われている。（中略）わたくしは思わずその備える風格に深く打たれた。（中略）それはかつて卒業していった生徒達と共に育ち、共に

58年館のスロープと南庭

老いていったような限りない親しみと温かみを蔵している校舎である。《建築はいつの場合にも冷酷であってはならない、人を怖れさせてはいけない、暖かく人を押し包み、それは寄るべなき大きな家であり、人びとに限りない頼母しさの念を抱かせるものである》といったことを無言で教えているような校舎である。（中略）果たしてこれほど生徒と共に生きるような暖かい新校舎を再び今建てることができるかどうかについて、わたしはひどく困惑を感じた。現代デザインの常套的手段はこうしたことになるとおそらくは無力である。」

（大江宏「法政大学の設計について」『建築文化』一九五八年十二月号）

「ある高等学校」とは、大江がその改築の設計を手がけた香川県立丸亀高校（一九六〇年）の木造の旧本館を指す。彼は、学校建築に託されたものを厳しく見つめつつ、近代建築の抱えるジレンマ、すなわち、温かさや頼もしさ、生徒たちと共に育ち共に老いることのできる質を実現することの難しさを、痛いほど自覚していたのである。けれども、大江は、その晩年に至っても、近代建築の初心にあった「重厚荘厳なるものにたいして、むしろ流麗軽妙なるものを志向する」方法への共感を語り、「物質的にひじょうに肥大化した建築」への警鐘を鳴らし続けていく（『大江宏＝歴史意匠論』大江宏の会、一九八四年）。その意味で、法政大学は、学校建築に託した近代建築のテーマと共に、何よりも自由な精神の行方を、現代の私たちに問いかけているのではないだろうか。

追記　二〇一六年に解体されて姿を消した。

国際文化会館

一九五五年竣工　東京都港区六本木
設計　坂倉準三・前川國男・吉村順三

協同設計で結実した清新な空間

東京都港区の鳥居坂《とりいざか》界隈には、今も閑静な屋敷町の雰囲気が漂う。その一角の石垣に囲まれた緑豊かな敷地に、国際的な文化交流の拠点として建設されたのが、国際文化会館である。戦後間もない一九五五年六月のことだった。もともとここは三菱財閥の岩崎小彌太邸があった場所で、回遊式庭園は第七代小川治兵衛の手による。しかし、太平洋戦争末期の空襲で屋敷は焼失し、敗戦直後には土地が物納されて国有地になっていた。その敷地の払い下げを受けて建設されたのである。由緒ある場所に戦後復興の象徴として建てられたからなのだろう。都心とは思えない静けさと明るさに包まれた内外の空間が印象的だ。また、前川國男、坂倉準三、吉村順三の三人による協同設計というユニークな形で実現したこの建物は、一九五五年度の日本建築学会賞を受賞する。さらに、二〇〇三年には日本を代表する近代建築としてDOCOMOMO一〇〇選にも選ばれた。

けれども、竣工から半世紀が経とうとしていた二〇〇四年、施設の老朽化と財政状況の

坂倉準三　さかくら•じゅんぞう（1901―69）
→p.60参照
前川國男　まえかわ•くにお（1905―86）
→p.40参照
吉村順三　よしむら•じゅんぞう（1908―97）
→p.129参照

悪化を理由に理事会は改築方針を発表、取り壊しの危機を迎える。それでも培われた歴史と人々の思いが強く働いたのだろう。新聞報道もプラスに作用して、その土壇場で、理事会は日本建築学会などからの保存要望を受けとめ、急きょ組織された学会の委員会が提示した案を受け入れて、建物の価値を尊重しつつ機能を向上させる方法を採用したのである。こうして、既存部分を鉄骨で支えながら地下を改築する大がかりで慎重な増築と改修が施され、生き生きとした姿に甦った。そして、現在も国際交流や結婚式などで活発に使われている。

三人の長短を活かし共同設計で取り組む

それでは、人々の思いをつないだこの建物にはどのような考え方と方法が込められたのだろうか。学会賞受賞の際の文章に、次のような設計の意図が記されている。

「われわれは微力を合せて各自の短を補い、長を生かし、この建築に求められた種々の要求に協同設計という形を通じて取り組んだのでありますが、とくに平面・意匠と材料及び工法の問題について、お互いの意見が一致するために各人の努力が集中されたのであります。」

(「表彰作品国際文化会館」『建築雑誌』一九五六年六月号)

設計にあたって要請されたのは、「会館で活躍する人々、来訪者及び滞在者にとって明るく落ちついた能率的な環境を作り出すこと、また日本の現代の技術と材料とで会館にふさわしい表現を与えること」だった。そこで、前川ら三人は、次の二点を主要なテーマとして設計に取り組んでいく。

まず平面計画上のテーマとして、「地形を利用して庭との連繋を緊密にして開放的な空間を形造ること」がめざされた。そして、意匠と材料、工法上のテーマとして、「建築材料の

南側からの建物全景

ある日の結婚式の情景

もつ素地を生かして木と石とコンクリート及びガラス等の使い分けによって、簡素で落着のある明るい立面を造り、清新な雰囲気を与えること」が目標とされた。そのために、「一階は大谷石の壁を廻して建物の下部をひきしめ、駐車場からの騒音と視界とを防いだ」のである。また、耐用年数を考慮して、「日本特有の檜を建具材として選び、在来のサッシュより大きな断面とスケールを採用しながら木肌のもつ親しみとコンクリート打放し面の灰色との明るい調和とによって、柔かな感じを出し」、さらに、「二・三階の上部はプレキャストコンクリートの柱、楣及び窓台を木造構法のように組合せて、この間に建具や軽量ブロックの壁を嵌込み、陰影のある繰り返しによって単一の壁面をつくっている」のだという。こうして、「日本の伝統的な表現を尊重して、壮大ではあるが華美に流れない清純な性格を持たせた」(「設計者の言葉」『国際建築』一九五五年八月号)のである。

五〇年代前半期の時代精神を反映

興味深いことに、ここに記されたテーマと三人が当時手がけていた建物を想起して並べるとき、この建物がいかに一九五〇年代前半期の時代精神と三人の作風を色濃く反映したものであるのかが見えてくる。

それらの建物とは、坂倉の神奈川県立近代美術館(一九五一年)、前川の神奈川県立図書館・音楽堂(一九五四年)、吉村の木造小住宅の東山魁夷邸(一九五三年)である。おそらく、精緻な大谷石の壁の連続による流れるような空間とプレキャストコンクリートのロの字形手すりをめぐらせた心地よい外部テラスは坂倉から、鉄筋コンクリートの軽やかな構造体の骨格とプレキャストコンクリートの柱と楣《まぐさ》を用いた立面の組み立て方、カマボコ形の講堂屋根の造形は前川から、伝統的な木造建築に範を得た真壁《しんかべ》造りの端正な外観と木製建具と障子を用いた客室のデザインは吉村からもち込まれたに違いない。そして、それらの要素を同時にもち寄って、「各人の努力が集中された」からこそ、学会賞の審査評に記されたように、「独自の調和ある日本的な美しい表現」が成し遂げられたのだろう。折しも、竣工から五カ月後の十一月四日には、東京上野に計画されていた国立西洋美術館の敷地視察に来日したル・コルビュジエが、前川と坂倉の案内でこの建物を訪れており、スケッチブックには、屋上庭園の芝生や大谷石のスケッチとメモが残されている。それから約六〇年、関係者の努力で今も同じ空間がそこにあることの意味を忘れずにいたい。

秩父セメント第二工場

一九五六年竣工　埼玉県秩父市

設計　谷口吉郎

清潔で美しい工場をめざして

道端に雪が残る肌寒い二〇一四年二月、谷口吉郎の代表作の一つ、秩父セメント第二工場（現・秩父太平洋セメント秩父工場）をはじめて見学する機会があった。谷口にとって、藤村記念堂（一九四七年）に続き、二度目となる日本建築学会作品賞を受賞した自信作である。近年では、一九九九年に、DOCOMOMO Japanによって、日本を代表する近代建築二〇選にも選ばれている。

池袋から特急列車に乗って約一時間、西武秩父駅で下車し、タクシーで現地へと向かう。市街地を過ぎると、遠くに工場のシンボルである煙突が見えてくる。近づくうちにその巨大さに圧倒される。敷地面積二八万平方メートル、竣工時の延床面積三万五〇〇〇平方メートルという空前のスケールの一大建築群である。

このセメント工場は、戦後復興から高度経済成長へと向かう中で、模範となる最先端のセメント工場の実現をめざして、計画が進められた。そのため、建設にあたっては、谷口

谷口吉郎　たにぐち・よしろう（1904―79）
→p.50参照

の陣頭指揮の下、建設委員会が組織され、導入される機械を担当するデンマークのスミス社をはじめ、秩父鉄道の輸送部門の専門家など、多くの技術者が結集された。また、建築についても、実施設計と工事監理を日建設計工務が担当する万全の体制が整えられた。掲げられた設計理念は、谷口の次の文章によく表れている。

「留意した点は塵埃に対する考慮である。いままでの古いセメント工場では塵埃がひどく、工場の付近一帯は全く『灰の色』であった。そのために社会問題まで起る場合が多かったので、この新工場においては全工場に密封式が採用された。したがって全長二四〇メートルの原料置場にも屋根が設けられ、そのほか塵埃を飛散する場所には防塵装置を完備して、塵埃処理には万全を期したのである。同時に騒音や、そのほか工場内の乱雑な非衛生など一切のごみごみしたものを払いのけ、さらに工場内の空地には緑の芝生や色彩の美しい花壇までつくり、これがセメント工場かと怪しまれるほどの、気持のいい生産環境を実現したいと、建設委員会は意気ごんだのであった。したがって私たちは機械時代に生きる技術者として、工場は生産能率の場であると同時に、美しい健康な生活の場であることを心がけて、そのために生産・機械・建築・施工の人々が力を合せ作った。」

（谷口吉郎「秩父セメント株式会社・第2工場」『建築雑誌』一九五七年七月号）

伸びやかに配置された一連の建築群

しかし、与えられた工期は、工事契約完了から世界最長だった一七〇メートルの回転炉に火が入るまで、わずか九カ月に過ぎなかった。そこで、谷口は、徹底した施工方法の吟

中央通路から見る仕上粉末室棟

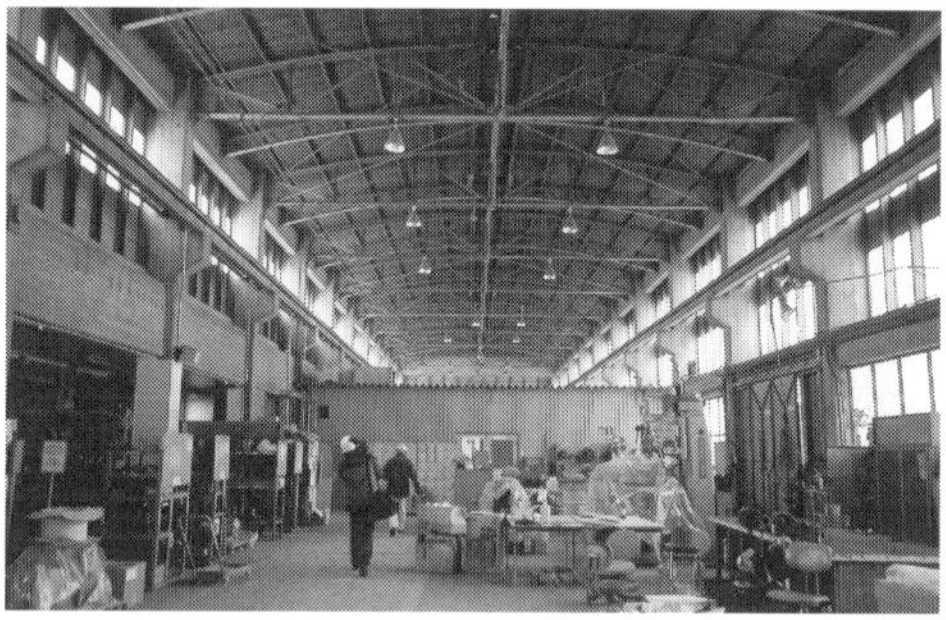

工作工場の内部

味と構造形式の合理的な選定を行っていく。同時に、従来の薄汚れた工場のあり方を一変させるべく、高窓に清掃用の歩み板を設けたり、外壁を構成するスチール・サッシュ面を柱から突出させることで窓枠や外壁パネルの割付を自由にしたり、屋根に長尺のトタン板を用いることで塗装を省くなど、材料と構法に配慮する工夫も施した。

こうして、原料置場、粉末室、スラリータンク、キルン（回転窯）、仕上粉末室などからなる一連の建築が、明晰な集合体となって広大な敷地に伸びやかに配置された。そして、何よりも谷口が重視したのは、「健康な生活の場」としての清潔で人間的な工場にすることだった。その思想は、人間が使う階段の造形や通路の黄色に着色された手すり、各所に設けられた作業者たちの控室、褐色に塗られたサッシュやレンガを用いた低層部の外壁など、細やかなデザインが工場建築にヒューマンなスケール感を与えていることからも読み取れる。さらに、この工場には、谷口が、遠く一九二八年の東京帝国大学の卒業設計で、八幡製鉄所に通ってまで仕上げた力作「製鉄所」以来、長く追い求めてきた機械時代にふさわしい近代建築の姿を自らの手で実現させたいという願いが込められていたのだと思う。竣工後、谷口は、次のような文章を記している。

「昔の人々は力を合せて美しい寺院を築いた。それには当時の技術が結集している。同時に、その建築には当時の建設的な良心がこもっている。そのために美しい感銘を後世の人に与えるのであろう。しかし、現代はすでに宗教の時代でなく、機械の時代である。したがってその機械の建築、すなわち工場のために現代人は、現代の技術をそれに結集すると同時に、建設的良心をもそれに打込む必要があろう。そんな意気込みでこの工場の建設には、生産・機械・建設・施工の人々が力を合せ得たことは、この上ない嬉しいことであった。だから、このセメント工場の建築はこれらの人々が奏するセメント・シンフォニーだと言い得るかもしれない。」

(谷口吉郎「セメント・シンフォニー」『新建築』一九五六年一〇月号)

谷口は、中世の職人たちが力を合わせて築いた寺院にも匹敵する現代建築の象徴としての工場をめざしたのである。そこには、戦前に視察に訪れて感銘を受けたというドイツの建築家ペーター・ベーレンスのAEGタービン工場(一九〇九年)や、さらにその先にあるカール・フリードリッヒ・シンケルの古典主義へと通ずる谷口建築の原点を読み取ることも可能だと思う。第一期竣工から半世紀以上の月日が流れ、工場を取り巻く環境も激変した。しかし、この工場は、今も清新な建築精神を伝えている。

聖アンセルモ教会

一九五六年　東京都品川区上大崎
設計　アントニン・レーモンド

簡素であることの豊かさ

日本の近代建築を考えるとき、アントニン・レーモンドの果たした役割を忘れることはできない。彼は、吉村順三、前川國男、ジョージ・ナカシマ、増沢洵《ますざわまこと》らを育てつつ、その設計活動を通して、戦前の東京女子大学（一九二四〜三八年）や聖ポール教会（一九三五年）から、戦後のリーダーズ・ダイジェスト東京支社（一九五一年）や群馬音楽センター（一九六一年）に至るまで、指針となる質の高い近代建築を数多く残し、日本の建築界に多大な影響を与え続けたからだ。そのレーモンドの仕事のエッセンスを身近な場所で体感できるのが、今回紹介する聖アンセルモ教会である。

凛とした緊張感と不思議な安堵感

東京のＪＲ山手線目黒駅ほど近くにある現地を訪れると、つい数年前までは幼稚園として使われていた低層棟と回廊によってつながれ、中庭をはさんで向き合う教会堂が見えて

アントニン・レーモンド　Antonin Raymond（1888―1976）
→p.35参照

くる。外観は、コンクリート打放しの硬質な外壁と、その一部が赤くベンガラ色に塗られただけの、そっけない表情をしている。けれども、中に一歩足を踏み入れると、印象は一変する。

木製の玄関扉を開け、低い天井の暗がりを抜けると、コンクリート折板構造の壁と天井に覆われた予想以上に大きな空間が現れる。その空間のヴォリュームは、幅と高さが同じ一四・四メートル、奥行が二八・八メートルという、一対一対二の厳格な比例関係からできている。また、外壁には、三・六メートルごとに幅六〇メートルのスリット状の窓が天井まで開けられてリズムを刻んでいる。たったこれだけの単純な構成だが、刻々と変化する自然光に包まれて、空間全体が銀色に輝き、凛とした緊張感と不思議な安堵感が漂う。

こうした感覚はどこからもたらされるのだろうか。おそらく、それは、極限まで削り落とされた構造体そのものが、そのまま空間の骨格を形づくっていることと、隅々までデザインされた細やかなディテールに根拠があるのだと思う。祭壇や天蓋、聖水盤、彫刻レリーフなども、すべてレーモンド夫妻の設計による。そして、こうした研ぎ澄まされた建築のありようを、レーモンドは、すべて日本から学んだと繰り返し語っていた。この教会の竣工後の一九六〇年、丹下健三との対談の中で、彼は、一九一九年に始まる日本との出会いについて、次のように述べている。

「元来、設計というものは、建物の構造全体を、その使用する目的に十分かなうようにすることが、根本の原則でなければなりません。したがって、外形はいつも内部のもっているいろいろな必要に応じて、きまって行くのが当然なことになって来ます。ところがそれまでの設計は、その行き方とはまるで逆な形しかとっていない。外形によって、自分勝手に内部をきめて行くやり方はそれです。その意味から、この若い建築家の新しい運動は、その不合理に真向から対立して、設計の在り方をその本来の意義にたちもどらせようとしたものといっていいでしょう。（中略）ところが、その後米国

教会内部の正面祭壇

側壁スリットから差し込む自然光

に渡りましたところ、(中略) 新運動に対する共鳴者はほとんどないという寂しい有様でした。心残りするまま、その年日本に来ました。ところがどうでしょう。私たちがあのように熱心に新しい建築の上で表現しようと努力しながら、そのくせまだまだ成功からはるかに遠く、いつ成功できるかさえわからないでいたところのものが、何気なくみた日本の農家の建築や、伊勢神宮をはじめ日本のいたるところにある神社建築の上にちゃんと実現されていて、そこにあるじゃありませんか。（中略）日本の農家や神社も、それをつくりあげている各部分の構造部材が、全部そのまま積極的に外部にあらわされ、構造そのものが立派な仕上げになっているわけなんです。ところがそれでいて、そうした構造がそのまま、その建物全体の立派な飾りにもなっているんですよ。また材料も、すべて素材だけで出来上っております。（中略）それ以来、私はこういうものの存在することに感謝するようになりました。（中略）その中にこそ、本当に完全無欠な原則がなければならないとわかったからです。（中略）これをひと口にいってみますと、もっとも簡素なもの、もっとも自然なもの、本当に機能的なもの、もっとも直裁で、もっとも経済的なもの——これだけが本当に神々しい美しさをつくる根源だということです。」

（A・レーモンド「日本建築の美しさ」『復刻建築夜話』日刊建設通信社、二〇一〇年）

日本にもともとあった近代建築のエッセンスに触れる

レーモンドが日本に見つけたもの、それは、長い時間をかけて日常生活の中で育まれてきた簡素であることの豊かさであり、彼の建築を通して、私たちは、かつてこの国にあった近代建築のエッセンスに触れることができるのだと思う。戦前からこの近所に暮らし、夫婦でここへ通っていた土浦亀城《かめき》（一八九七〜一九九六年）は、アンセルモ教会の空間に深く魅せられ、自らの葬儀をここで行いたいとの願いから洗礼を受けたという。ここは、そうした個人の内面を受けとめる祈りの場であり、その一方で、日曜日には、さまざまな国の信者であふれかえる集いの空間でもある。そこには、建築にとって本当に大切なことは何か、を語りかけてくる静かな時間が流れている。

日土小学校

一九五六・五八年竣工　愛媛県八幡浜市

設計　松村正恒

戦時下に温められた学校建築への思い

二〇一一年三月十一日の東日本大震災による甚大な原子力発電所の事故を受けて各地で節電が叫ばれ、例年になく暑かった八月初旬、四国の愛媛県西部に位置する八幡浜《やわたはま》市の山あいに建つ日土小学校を再訪する機会があった。「夏の建築学校２０１１」と題する地元八幡浜市の教育委員会主催の行事に講師の一人として招かれたからである。

この小学校は、学生時代にF・L・ライトの帝国ホテル（一九二三年竣工・六八年解体）の現場に通い、その後、アメリカに渡ってライトに師事した土浦亀城の事務所で戦前に学び、戦後は、八幡浜市役所の建築技師として活躍した松村正恒（一九一三〜九三年）の遺した代表作だ。一九九九年には、現存する数少ない優れた木造モダニズムの建物として、日本の近代建築を代表するDOCOMOMO二〇選にも選ばれている。その後、一〇年に及ぶ紆余曲折の議論を経て、この建物を大切に思う人々の尽力が実を結び、保存改修と増築工事が施されて二〇〇九年六月に完成し、新たな時代を歩み始めた。

松村正恒　まつむら・まさつね(1913—93)
愛媛県生まれ。1932年武蔵高等工科学校入学。35年に卒業後、土浦亀城建築設計所に入所。48年に八幡浜市役所土木課建設係に就職し、「日土小学校」「神山小学校」などの学校建築や医療施設を設計。

「夏の建築学校」は、草の根的な保存運動の一環として始まり、地元の建築遺産として日土小学校を国の重要文化財にすることを目標に続けられてきたという。今回は、松村の母校である武蔵高等工科学校（現・東京都市大学）の同窓会メンバーが遠く東京からバスで大挙して駆けつけるなど、二四〇名を超える参加者があった。また、この催しには、保存

校庭から見る建物の全景

川側に張り出した図書館前のテラス

再生を担った次の人々、慈しむように既存部分の改修設計を担当した和田耕一、松村建築と対話するように増築部分の新校舎を設計した武智和臣、彼ら実動部隊の建築家を支えた愛媛大学教授の曲田清維と、今や松村研究の第一人者となった花田佳明、地元の調整役を担った教育委員会の梶本教仁ら、関係者も一堂に集い、和やかな一日となった。

五〇年の時を経ても愛される理由

それにしても、五〇年以上の時を経てなお、これほど人を惹きつけてやまない小学校を、どのようにして松村は生み出すことができたのだろうか。残された資料から浮き上がってくるのは、時代の求める建築の役割を一人見つめ続けた孤独な姿である。

一九一三年、愛媛県大洲市に生まれた松村は、二歳で父と死別し、母とも別れて里子に出されている。そうした自らの境遇も背景にはあったのだろう。彼は、第一次世界大戦下の過酷な時代の中で虐げられていた人々、ことに子供たちを救いたいとの思いを強くしていく。当時を振り返った次のような文章がある。

「私が物心ついたころ村で隆盛をきわめておりました製糸工場は次々と破産し、(中略)人々は助けを求めるでもなく悲しみ喜び悩みながら生きておりました。(中略)廃藩後に私の祖父は、下級武士の長屋を譲りうけ貸家にしておりましたが、みすぼらしい家に、みじめな暮らしの暗い定めの人達が住んでおりました。(中略)住宅問題の切実さに心を痛め、土地収容法におびやかされて土地政策に関心をいだき、フェビアン主義に共感を覚えましたのも、生い立ちのなせる業かも知れません。(中略)卒業設計は子供の家、実例があるわけでもなし、父が死ぬ、母が投獄される、病の床に臥す其の間、また親の働く家の子を保護し教育する、そんな施設を考えましたけど、望むらくは、こんな施設の役立たない世界でありたいと、祈りをこめての製図でありました。（中略）児童問題に強い関心を示しましたのは、（中略）とにかく高い乳幼児死亡率、児童虐待防止法の生まれる前のことです。黙視するに忍びず日比谷の図書館に通いつめました。」

（松村正恒「半生回想」『風声』一九七九年三月）

「インターナショナル・スタイル」を追い求める

こうして、松村は、土浦という当時のスター的な存在の建築家の下で戸惑いながら働く一方、武蔵工時代の恩師である蔵田周忠の紹介によって、雑誌『国際建築』の海外事例紹介ページの翻訳という仕事を通して、最前線の近代建築の動向に触れつつ、託児所建築の勉強ノートを作り始める。日中戦争下のことだった。そして、松村が土浦の向こうに見つめようとしたのが、「インターナショナル・スタイル」と呼ばれた、簡素で清潔な白く輝く近代建築のあり方だったのである。最晩年のインタビューで、松村は、当時を振り返って次のように回想している。

「私が建築を始めた時は、第一次世界大戦後のいわゆるインターナショナル・スタイルの時代です。私は今でもインターナショナルということはひとつも間違っていないと思っています。（中略）生活最小限住宅なんてあのころは言っていたけれど、大衆のために、困っている人のために考えてやろうというひとつの時代であり、運動であった。それは間違っていない」
（『日経アーキテクチュア』一九九一年十月十四日号）

この言葉からも読み取れるように、松村にとって、「インターナショナル・スタイル」とは、建築デザインの手法ではなく、それを超えて、時代の中で「困っている人のため」に求められる建築の新しい思想であり、方法であったのだと思う。そして、こうして戦時下に温められた思いのすべてを注ぎ込んで設計に取り組んだのが、他ならぬ日土小学校だったのである。そこには、東京を中心とする日本の近代建築の中ではほとんど自覚されることのなかった大切な近代建築に託された初心、人々の幸福な生活のための空間をめざすこと、が記録されている。松村が学校建築に託したものは、三・一一以降の日本の現実への大きな励ましのメッセージであり続けることだろう。

追記　関係者の地道な努力が実り、二〇一二年、国の重要文化財に指定された。

岡山県庁舎

一九五七年竣工　岡山市北区内山
設計　前川國男

竣工当時の風格を留める「県民の家」

おそらく、それぞれの都市には、地元の歴史を象徴し、今なお強い存在感をもって使われている建築があるはずだ。そんな近代建築を地域資源として新たに価値づけることはできないだろうか。各地で起きている近代建築の取り壊し問題の実情を知るたびに、求められるのは地域資源というプラスの評価軸だと思える。そこで、岡山におけるそうした建築の一つとして、前川國男の手がけた岡山県庁舎を紹介したい。

残念なことに、この建物は、竣工当時の建築雑誌には発表されず、知られざる前川建築として長らく歴史に埋もれていた。けれども、それは岡山の戦後にとって復興の要となった建築だった。一八七九年に建てられた旧・県庁舎は明治から昭和まで県民に長く愛されていたという。しかし、一九四五年六月の空襲で焼失し、岡山県の戦後は元・海軍の衣料廠《しょう》（工場）の仮庁舎から始まる。

こうして迎えた一九五三年五月、新しく求めた敷地に県庁舎をつくるべく、岸田日出刀

前川國男　まえかわ・くにお（1905—86）
→p.40参照

を委員長に、今井兼次、森田慶一、石川栄耀《ひであき》らで構成された審査委員会によって、佐藤武夫、前川國男、日建設計、佐藤設計研究所の四者による指名設計競技を実施し、「新しい時代の造形感覚に徹し、清新にして滋味溢れる独創に満ちている」として、前川案が採用されて建設された。

一方、当時の前川は、徹底した建物の工業化と軽量化をめざすテクニカル・アプローチという共通目標を掲げる中、純ラーメンの構造体をアルミのカーテン・ウォールで覆った日本相互銀行本店（一九五二年）を完成させ、やはり指名設計競技で当選し、「一筆書き」と呼ばれた、流れるような内外空間の構成が特徴的な神奈川県立図書館・音楽堂（一九五四年）の現場が進行中だった。いずれの建物も、前川の戦後の目覚ましい活躍を象徴する建物である。それでも、岡山県庁舎は、地下一階、地上九階、延床面積二万五〇〇〇平方メートルを超える。前川にとって、一九三五年の事務所創設以来最大規模となるはじめての庁舎建築であった。さぞかし前川とスタッフは胸躍る気持ちで設計に取り組んだことだろう。

一九五〇年代という時代の息吹を今に伝える

敷地は南東側を流れる旭川とその遠方に東山を望む明るい景勝の地にある。河岸へ向かって奥に深い不整形な五角形の敷地特性を活かして、建物は手前の事務部門を納める高層の事務棟本館と奥の低層の議会棟の二つのブロックをL型に配置する形で構成されている。

全長一〇二メートル、幅一八メートル、軒高三一メートルの長大な事務棟本館は、主要道路と平行に二九メートル後退させて置かれ、足元の三層は骨太なコンクリート打放しの柱で支え、その上部に全面スチール・サッシュのカーテン・ウォールで覆われた五層の事務室が載り、さらにその上の九階と屋階の手すりが頂部を引き締めている。また、本館中央部の足元には、奥の庭園へと視線と風が抜ける幅三〇メートルのアーケード状のピロテ

北側正面外観。左側が増築部分

南側の庭園から本館を見る

本館1階ロビー

ィが設けられ、議会棟へと続いていく。そして、それらを玄関庇も兼ねた空中回廊が結ぶ。こうして、明晰でダイナミックな空間構成と堂々として軽快な外観をもつ庁舎が出来上ったのである。

興味深いことに、空間構成と空中回廊の手すりのディテールは、神奈川県立図書館・音楽堂を引き継ぐ一方で、外装は、日本相互銀行本店で使われた最先端の軽量素材だった銀色に輝くアルミ製ではなく、黒々としたI型鋼を用いたスチールのサッシュとパネルで組み立てていることだ。そこには、前川の、確かな手ごたえを感じていた空間構成方法への自信と、存在感を与える素材への関心を読み取ることができると思う。

残念ながら、ここで実現されたスチールのカーテン・ウォールの外装は、これ以上に展開されることはなかった。その意味からも、その清新な姿は、工業化が建築に新鮮な意味を与えていた一九五〇年代という時代の息吹を今に伝える貴重な遺構と言えるのだろう。そして、何よりも、超高層の庁舎が当たり前となった現代からは想像しにくいが、戦後復興の途上にあった当時は世紀の一大事業だったに違いない。竣工から一〇年後にまとめられた記念誌の中で、前川事務所の所員と県の職員からなる総勢一九名の建設事務所を束ねた元・現場所長は、次のような回想を残している。

「瞼を閉じれば、当時の苦しかったこと、愉しかったことどもが、次から次へと走馬灯のように思いだされてくる。（中略）打放しコンクリートについては、全く神経を尖らし身の細る思いであった。ことに正面玄関のピロティー廻廊のコンクリート打設にあたっては、所員全員で各柱一本づつを担当し、責任施工のコンクールを実施、各自の熱意をこめた監理指導により会心の出来栄えだったと思う。（中略）（昭和）三二年一月二九日午後五時を期して、全館一斉点燈三十万燭光の光芒を旭川に写して、一大不夜城を現出し、岡山全市が一時に明るくなったような感があった。川向うの川原に佇み、しばしが程はぼう然と、しだいに目頭が熱くなるのを覚えた。フトふり返ると、そこには前川所長も同じように立ちつくして感に堪えぬ様子であった。」

（佐々木嘉武「思い出の記」『岡山県庁舎建設誌』岡山県庁舎建設誌刊行会、一九六七年）

この言葉からは、竣工時に前川らが現場で苦労を共にした多くの関係者と分かち合った感動的な光景が甦るようだ。そして、こうした思いがその後も共有されていったのだろう。県庁舎は、その後も数回にわたって増築と改築を繰り返し、西庁舎、南庁舎、議会棟が加わっていった。また、前川亡き後の一九九一年には、本館を同じデザインで東側に引き伸ばす増築も施された。こうして、今もなお、岡山県庁舎は、竣工当時の生き生きとした原形を良くとどめながら、大切に使われている。そこからは、竣工当時、「県民の家」と呼ばれたこの建物を誇らしく思い、親しみを寄せる県民たちの自負さえも感じられる。ロビーにたたずむ人々を見ながら、その風格ある姿がこれからもそこにあり続けてほしいと願わずにはいられなくなった。

香川県庁舎

一九五八年竣工　香川県高松市
設計　丹下健三

丹下健三が高松に蒔いた一粒の種

二〇一三年の夏、四国の高松にある香川県立ミュージアムで、没後はじめてとなる丹下健三の大規模な建築展が開催された。なぜ香川なのか。折しも丹下の生誕一〇〇年という記念すべき年が「瀬戸内国際芸術祭二〇一三」と重なったことも一つのきっかけなのだろう。しかし、それ以上に、彼の代表作の香川県庁舎が今も現役の健全な姿で使われており、さらに、丹下のこの建物がその後のさまざまな建築家の活躍を促進してきた歴史を見直そうという機運の盛り上がりが大きく作用したに違いない。そこで、香川県庁舎がもたらしたものとは何かについて考えてみたい。

竣工時に論じられた厳しい評価

一九三八年、日中戦争下に大学を卒業した丹下は、資材統制によって木造バラックしか許されない中、コンペなど紙の上でしか建築を構想できない制約の下で建築家への道を歩

丹下健三　たんげ・けんぞう（1913―2005）
→p.139参照

み始める。それは、戦後に彼がはじめて実作として広島平和記念陳列館を完成させる一九五二年まで続く。おそらく、こうした時代の宿命が丹下の建築思想を育んでいったのだろう。また、それが、彼の建築が理念的で自己完結し、どこか孤高の存在感を醸し出している大きな理由なのだと思う。

実は、香川県庁舎の竣工時の評価にも厳しいものがあった。中でも、一九六〇年度建築年鑑賞の審査（『建築年鑑』美術出版社、一九六一年）では問題作として議論された痕跡が読み取れる。例えば、建築評論家の藤井正一郎は、次のように記していた。

「香川県庁舎を訪れたとき、まずわたしは丹下健三の「うまさ」に驚きました。（中略）しかしその「うまさ」は、彼の貴族主義的な芸術感覚の所産であり、その意味においては川添登のいうように『彼もようやく自分の言葉をものにした』のかもしれません。しかし、コンクリートという材料も、あるいはその施工法も、彼の芸術感覚の下に「隷属」させられているところに、わたしは彼の作品の大きな危険を感じます。」

藤井は、丹下の「不遜なまでの芸術的個性」への危惧の念が拭えなかったのである。一方、構造家の木村俊彦は、その無理な構造表現に次のような疑問を抱いていた。

「私は丹下健三の作品としては今までのなかでは最も優れ、伝統論に立った最高調の傑作と見た。（中略）ただ、私がこれを作品賞に推すことを断念したのは、（中略）何となくこの作品に自己主張の過剰を感じたこと、第二には私はこの建物の工事中に訪ねる機会があったが、高強度鋼の異形鉄筋が凄じいほどに入っており、形というものがこれほどまでにしなければ美しくならないかと思ったことであった。」

そして、建築史家の稲垣栄三は、丹下の建築がもつ特質を次のように論じていた。

南側からの庁舎外観

1階ロビーと猪熊弦一郎の陶壁画

「この建築家の作品から、つねに一貫して感じられるのは、その強固な意志の力である。全体を構成する一つ一つの部分が、明確な構想力のもとにまとめられて、破綻や不均衡が見出せない。その解決がみごとなために、見るものの心は建築家の意図のまま従うほかはない。（中略）この建築家が、一つの独自のスタイルをもつのは、たんに形の完成を追っているからではなく、まして設計の条件がよいというふうなことではなく、建築を構成し規定するすべての要素を、統御し克服せねばやまぬその意志の強さに負うと見るべきである。」
（『建築年鑑'60』美術出版社）

地方における仕事の良否を決めるもの

ここに共通するのは、建築のすべてが丹下の強固な意志の下に統制されており、その完成度が高ければ高いほど、近寄りがたいものになっていることへの違和感である。だが、その一方で、建築評論家の神代《こうじろ》雄一郎は、「建築家は地方で何をしたか」という文章の中で、次のように書き留めていた。

「地方をまわってみて、東京の建築家がやった仕事で一番いいと思ったのは香川県庁舎であった。地方で東京の建築家がやった仕事の良否を決定するのは、ただその建築だけが良くても駄目なので、その建築がその地方の建築を前進させるようなものであったかどうかできまるのである。いま高松にいって、（中略）ここでコンクリートや石に対する理解や情熱がどんなに高まっており、地方性の獲得といったことがどれほど熱心に探求されているかを知ることができる。これらに香川県庁舎の影響がはっきりと見られることは、丹下のねらいが正確だったことを物語るものであり、同時に地元がそれを受けて立つほどしっかりしていたのである。極端な言い方をすれば、もはや高松は丹下を必要としないだろう。しかし高松にはいつまでも丹下の投じた一石が生きているであろう。」

（神代雄一郎「建築家は地方で何をしたか」『建築文化』一九六〇年十一月号）

何がそうさせたのだろうか。求められたのは戦後復興の象徴として民主主義の時代にふさわしい庁舎であり、そこには、金子正則知事からの信頼や彼に丹下を紹介した猪熊弦一郎（一九〇二〜九三年）との共同にとどまらず、県建築課の山本忠司や地元の職人まで、多くの人々との出会いがあった。そして、竣工後も、彼らは丹下の蒔いた種を糧に研鑽を続けていく。そして、県庁舎も心のよりどころとして大切に普段使いされてきたのである。こうして育まれた建築への愛着こそ、丹下の意図を超えて香川県庁舎が稀有な形で地元に根づくことができた要因だったのだと思う。

弘前市庁舎

一九五八年竣工　青森県弘前市

設計　前川國男

風土に育まれる造形を求めて

青森県弘前市に残る前川國男の建築群を挙げると、戦前の処女作である木村産業研究所（一九三二年）に始まり、戦後最初の公共建築として青森県立弘前中央高校講堂（一九五四年）が完成した後、今度は、この弘前市庁舎を皮切りに、地元弘前市に依頼された仕事がスタートする。これは、当時の藤森市長が前川の東京の仕事を高く評価したことがきっかけだったという。残念ながら、この市庁舎は竣工時点では建築雑誌に紹介されなかった。しかし、その後の歩みから振り返るとき、前川にとって大きな転換点となる建築であったことが見えてくる。

一九五〇年、戦前から続いていた資材統制がすべて解除され、ようやく日本も、鉄筋コンクリートや鉄骨を用いた本格的な近代建築が建設可能な時代を迎える。そんな中、前川は、折しも依頼を受けた日本相互銀行本店（一九五二年）と支店群の仕事をベースに、日本の近代建築を欧米の水準に育て上げるべく、「テクニカル・アプローチ」と呼ばれる実践

前川國男　まえかわ・くにお（1905―86）
→p.40参照

を試みていく。その目標として掲げられたのが、合理的でシンプルな構造躯体の追求と工場生産による安価で質の高い建築材料の開発を通した建物の軽量化というテーマだった。こうして、一九五〇年代の前半期には、神奈川県立図書館・音楽堂（一九五四年）に代表されるように、透明感のある軽やかな建築が次々と生み出されていく。それは、前川にと

北東から見る市庁舎の全景

紺色に塗られた玄関ポーチの天井

どまらず、大げさに言ってしまえば、日本の建築界が、戦争をくぐり抜け、はじめて世界と並ぶインターナショナルな近代建築を実現させた瞬間だった。坂倉準三の神奈川県立近代美術館（一九五一年）や大江宏の法政大学五三年館（一九五三年）などが、同時代の空気を共有する。そして、弘前中央高校講堂も、そうした流れに沿う形で、薄い水平の庇が試みられたのだろう。

しかし、一九五〇年代後半に入ると、前川建築の様相は一変していく。そのことは、偶然にも、この弘前市庁舎と同じく、一九五七年に相次いで設計が始まった複数の公共建築に顕著な形でうかがえる。すなわち、世田谷区民会館（一九五九年）、京都会館（一九六〇年）、東京文化会館（一九六一年）である。これらの建物には、それまでの軽量化を求めた最小限の構造体による最大限の空間の実現という論理からは到底出てこないような、大きな庇や骨太な構造体、タイルや自然石など素朴な建築材料の使用といった特徴が見られる。そして、弘前市庁舎こそ、そうした変化を先取りし、これらの出発点に位置する建物だと見なすことができると思う。それは、もちろん、雪深い弘前の自然環境の厳しさが前川に自覚させた結果に違いない。また、弘前城を囲む掘割の桜並木と追手門に面した敷地に建設されたことも影響したのだろう。

モダニズムの原理からはずれた造形

この市庁舎の特徴的な点は、コンクリート打放しの柱と梁、そして、建物全体をめぐる頑丈な水平の庇から構成された堂々とした風格のコンクリートによるたたずまいだ。また、断熱を図るために、外壁の腰壁には、空気層をもつ明るいオレンジ色の中空の特注レンガ・

ブロックが積まれ、開口部は、外側のスチール・サッシュと内側の木製サッシュとを組み合わせて、間に空気層が設けられた。さらに、議場となる大会議室の屋根は切妻の勾配屋根が架けられている。これらは、いずれも余計なものをそぎ落とし、軽量化を図るモダニズムの原理からは導き出されることのない造形である。この市庁舎の竣工時点で、前川は次のように記していた。

「この市庁舎完成に際し市民の方々に設計者の解説を、加える多くの言葉を持たない。（中略）ただあの建物が深く張り出しているところのひさしは、この地方で『こみせ』と呼ばれる独特の柱廊を想起させないであろうか。この皆さんの祖先の知恵が生んだ、あの見事な形式が、近来巷から姿を消して行くのを愛惜したものがあのひさしである。また雪に閉ざされて、色彩を失った世界に彩りを与えようと、外壁や腰に焼物ブロックを組積して、積極的な配色を試みた。さらにまたコンクリート打放し肌仕上げが表現しているものは、この建築における力学的構成であり、これは例えば人体の骨格に相当するものである。」

（前川國男「贅句一束」『東奥日報』一九五九年四月五日）

この言葉からは、前川が木村産業研究所における手痛い失敗を契機に、最先端の工業化技術を用いた近代建築の追求という性急な構図からは離れて、むしろ、日本の気候風土と生活の中で培われてきた伝統的な造形から謙虚に学び始めた考え方の深化を読み取ることができると思う。そして、同時に、そこには、雪深い弘前の厳しい環境の中で、人々の心のよりどころとなる確かな近代建築の姿を模索しようとする前川の強い意志も語られている。そして、この市庁舎である手ごたえを得たからこそ、続く京都会館において、後の「打込みタイル」と呼ばれる独自の構法につながる焼物のタイルを用いた外壁や水平の大庇、京都の寺院建築を模した勾配屋根のホールの造形が生み出されていったのだろう。そう考えるとき、弘前の前川建築群は、そのまま前川の建築家としての軌跡に重なることが見えてくる。その意味からも、弘前市庁舎は、風土に育まれる造形を求めた前川の原点に位置する建築なのだと思う。

八幡市民会館

一九五八年竣工　福岡県北九州市
設計　村野藤吾

村野藤吾を育んだ八幡の建築遺産

二〇一四年五月下旬、北九州市八幡東区にある村野藤吾の設計した八幡市民会館をはじめて訪れる機会があった。訪ねてみたいと思っていた場所の一つだった。というのも、北九州市に統合される前の八幡市は、村野が幼少期から青年期までを過ごした縁の場所である。そのこともあってなのだろう。八幡には、市民会館の他に、村野が設計した建物として、隣接地に八幡図書館（一九五五年）があり、さらに近くには、後に、八幡信用金庫本店（現・福岡ひびき信用金庫本店、一九七一年）も建てられた。こうして、他の都市には見られない複数の村野建築が立ち並ぶ独特の都市景観がつくり出されたのである。

実は、他にも立ち寄りたい理由があった。前年の暮れ、突然、新聞の電話取材を受けた。八幡市が市民会館と図書館の敷地に市立病院を移転し、医療エリアとして再整備すると発表し、村野建築の取り壊しが取り沙汰されているので、そのことについてコメントがほしい、という内容だった。後日、「二施設はこの地域の全盛期に建設された公共遺産であり、

村野藤吾　むらの・とうご（1891―1984）
→p.24参照

市は専門家の意見を聞きながら価値を見定めて、存廃については慎重に判断すべきだ。壊すことは簡単だが、先人が残した遺産を観光資源などに有効活用する可能性も模索してほしい。」という文言で紹介された（『毎日新聞』西部版二〇一四年一月二〇日）。その際、同じ紙面には、北九州市のまちづくり団体「八幡みらい協議会」の理事で、老舗の千草ホテルの社長でもある小嶋一碩氏が現地でインタビューを受ける写真も大きく掲載された。こうした経緯もあり、市民会館を現地に訪ね、新聞社の紹介を受けて、小嶋氏ら関係者に会って話を聞いておきたいと思ったのである。

復興事業の延長線上として

山陽新幹線を小倉で降り、鹿児島本線に乗り換えて十数分、八幡駅に着く。途中、車窓からは、隆盛を誇った戸畑の八幡製鉄所の巨大な高炉跡が見える。八幡駅で小嶋さんの出迎えを受け、さっそく市民会館に向かう。駅からまっすぐに伸びる広い道路を四〇〇メートルほど進むと、ロータリーの正面に、茶褐色のタイルの外壁に覆われた市民会館が見えてくる。また、手前の左側には、大きく育った樹木の下に、幾何学的な模様のタイルを張られた小さな図書館がある。それにしても、幅五〇メートルの広い道路とロータリーのある日本離れした駅からの都市景観は、どのようにして生まれたのだろうか。小嶋さんから当日いただいた資料（『北九州地域における戦前の建築と戦後復興の建築活動に関する研究』北九州産業技術保存継承センター、二〇一〇年）には、次のような八幡市の歴史が記されていた。

一九四五年八月八日、八幡は米軍機の空襲を受け、市街のほとんどすべてを焼失する。

北側から見る建物全景

2階ホワイエ

罹災者も五万人を超えたという。
　現在の八幡駅は、戦後の戦災復興事業の一環として、現在地へと移設され、その際、駅を中心とする防火帯道路として、幅員五〇メートルの道路が敷設されたのである。そして、残念ながら、今は取り壊されて現存しないが、駅前に四棟建てられた平和ビル（一九五四年）と呼ばれた鉄筋コンクリート造の四階建ての店舗付集合住宅のうちの一棟を、村野は手がけていた。こうした復興事業の延長線上に、八幡市が建設したのが、図書館と市民会館だった。なぜ村野だったのだろうか。同じ資料によれば、九州の北部の人々は、戦前に村野が手がけた山口県の宇部市民館（一九三七年）に足を伸ばした経験があり、その評判を見聞きしていた。また、当時の八幡市長の守田道隆も、村野が八幡で育ったことや、宇部市民館を知っていたという。こうして、村野が復興事業の象徴となる市民会館を手がけることになったのだろう。おそらく、村野にとっても、やりがいのある仕事だったに違いない。後年、村野は、次のような回想を記している。

「私は工業学校を出で機械を勉強していました。兵隊にゆくまでは、それでしばらく八幡製鉄所につとめていたのです。この八幡の影響というのは人にもいわれ自分でもそう思うのですが、かなり強かったようです。生れは唐津です。しかし物心ついてから八幡に移り、そこでずっと暮らしました。製鉄所にいたこと自体もいまではプラスになっていますが、もう一つは感覚的な面への影響ですね。私の作品のシルバー・グレイというか、ちょっとブライトでない色調。これはやはり八幡の煙の多い空、それから鉄、あの感じです。これをもっと洗練すれば「渋い」ということになる。森五に象徴される一つの感覚。これは一生私に影響を与えました。」
（村野藤吾「私の建築観」『建築年鑑』一九六五年）

この回想にもあるように、村野は、一八九一年に佐賀県の唐津で生まれたが、一〇歳の頃に八幡に移住し、小倉工業学校（現・小倉工業高校）機械科に進学、卒業後は、八幡製鉄所へ入り、兵役を経て早稲田大学の機械科から建築科へ進路を変更、苦労の末、日本を代表する建築家となっていく。その村野が、今も東京に残るデビュー作の森五商店東京支店（一九三一年）を生んだ自らの原風景であり、洗練された「渋い」デザインの出発点だと位置づけるのが、八幡なのである。だからなのだろう。市民会館には、村野の八幡への思いが結実した清新な空間と落ち着いたたたずまいが息づいていた。何とか、この建築遺産が良い方向で活かされてほしいと思う。

追記　保存活動も空しく、図書館は二〇一六年に取り壊されたが、市民会館については保存活用の模索が続けられている。その行方を見守りたい。

大阪新歌舞伎座

一九五八年竣工　大阪府大阪市天王寺区上本町

設計　村野藤吾

村野藤吾だけが成し得た歌舞伎座の造形

二〇〇九年六月末、大阪の難波にある大阪新歌舞伎座が閉館した。これは、建物の老朽化を理由とするもので、二〇一〇年に上本町に完成する新しいビルへ移転の予定だという。このため、御堂筋のシンボルとして半世紀以上も親しまれてきた村野藤吾の設計による建物の行方が危うい。

この建物が竣工したときは、それが理解されるような時代ではなかった。確かに、『国際建築』一九五九年二月号では、巻頭で一六ページにわたって大きく紹介されている。けれども、その直後のページは、「海上都市の形態」と題された特集ページが続き、大高正人の「東京湾につくる海上都市案」や菊竹清訓の「海上都市」のイラストが掲載されている。時代は高度経済成長の只中にあり、丹下健三の「東京計画一九六〇」を経て、東京オリンピックへと突き進んでいたのである。一方、この村野の建築の意味は、歌舞伎座という劇場の歴史全体を振り返ることではじめて見えてくる。

村野藤吾　むらの・とうご（1891—1984）
→p.24参照

奇抜な外観の前身の歌舞伎座

建物名が新歌舞伎座と称されていることからもわかるように、前身となる大阪歌舞伎座が千日前に完成したのは、戦前の一九三二年のことである。大林組の設計によるもので、歌舞伎座という名称からは想像もできないデザインでまとめられていた。四層分の高さのある巨大な丸窓をあけた奇抜な外観をもち、最上階にはスケートリンクが設けられた近代的なビルだったからである。竣工時、次のような批評が掲載される。

「歌舞伎劇場と云えば、東京歌舞伎座にしろ京都の南座にしろ日本建築の細部に埋められた御殿の様なコンクリート日本建築であって、歌舞伎座劇場＝日本建築とさえ思いなれた私達、のみならず一般の人達にこれは又全くすばらしい清新さであった。（中略）流石は松竹王国の頭株は目先がきいて居る。衰え滅びて行く歌舞伎にはすでに充分見切りをつけて、いつでもオペラ劇場にでも大がかりなレビューにでも出来る様に、又それを主とした劇場になる様に何段構えもの計画のもとに、こう云う姿態がとられたんだと私は感心した。」

（友樹京二「大阪歌舞伎座印象」『新建築』一九三二年十二月号）

文中の「東京歌舞伎座」とは、岡田信一郎の設計により、「桃山式に近代的手法を加味した」建築様式で建てられた歌舞伎座（一九二四年）を指し、「京都の南座」とは、京都南座（一九二九年、設計施工：白波瀬工務店）を指している。いずれも、鉄筋コンクリート

御堂筋に面する建物全景

さよなら公演の垂れ幕がかかる正面入口

造で和風のデザインが施されていた。興味深いことに、京都南座の竣工時には、雑誌『新建築』の記者が、東京歌舞伎座を「全体からやや淋しい冷やかな寄りつきがたい感じを受ける」と評し、その理由として次のように指摘していた。

「大体日本建築の形は神社、仏閣として発達したもので、信仰の念を起さす様な崇高な威厳ある建築の形である。これを芝居小屋の様な賑かな安易な気持を要求する場所へ応用するのは少々無理がある。この無理をかまわず、正直に仏閣そのままの型を採ったのが東京の歌舞伎座（中略）である。寄りつきにくいのは当然のことであろう。」

（『新建築』一九三〇年三月号）

様式建築を脱した自由なデザイン

そして、記者は、「南座に於ては意識してか、どうか分からないが此点は成功して居ると思う。古典音楽に対してジャズがその存在理由を明かにした如く、南座の建築も存在理由を持って居るわけである。南座は建築に於けるジャズである」と結論づけている。こうして見てくると、歌舞伎座という建物は、歌舞伎の盛衰と建築様式の試行錯誤という二つの因子に振り回され続けた存在であることがわかる。そして、戦後に至り、一九五〇年、空襲で被災した東京歌舞伎座を「明朗性」という方法で改修した吉田五十八の仕事を経て、様式建築を脱した自由な方法で、はじめて新築の歌舞伎座の建築デザインと向き合ったのが、村野藤吾の大阪新歌舞伎座だったのである。竣工パンフレットに寄せた文章で、村野は次のように記している。

「千鳥破風や唐破風のある建物など、凡そ吾々には異質のものの様に思われ、今まで設計する機会もありませんでした（中略）。最初、（中略）桃山風のものをやって貰いたいと希望されました。（中略）所謂桃山風とは、歌舞伎調の事だと思われ、名古屋城や二条城其の他の資料を参考にしましたが、あとは、古式や伝統によらず自由に構想しました。唐破風はどこかにモダーンなところがあり、その連続と大屋根との組合せと云ったところをこの建物の取扱いの重点にしたのです。勿論、大阪とか、関西とか云った感情は、終始脳裏をはなれなかったことは当然です。」

（村野藤吾「設計者のことば」（『建築と社会』一九五九年四月号）

そこに誕生した斬新なファサードや華やかな内装こそ、村野にしか成し得なかった自在なデザインの妙であり、それは、はじめて形になった現代建築としての歌舞伎座だったのだと思う。ようやく時代が村野藤吾の建築の意味を共有できる距離感をもち得た今こそ、その存在価値を見つめ直すことが求められているのではなかろうか。このまま失うのはあまりにも惜しい。

追記　二〇一五年に解体されて姿を消した。

聖クララ教会

一九五八年竣工　東京都八王子市

設計　片岡　献

沖縄の戦後復興を見守ってきた祈りの場

二〇〇九年一月、仕事で沖縄を訪れた際、どうしても見たいと思って立ち寄ったのが、聖クララ教会（与那原カトリック教会）である。この建物は、すでに、日本を代表する近代建築の一つとして、DOCOMOMO一〇〇選に沖縄から唯一選ばれており、広く知られている。今回、現地の案内をお願いしたのは、この教会の付属幼稚園の卒園生で、地元沖縄の建築家・當間《とうま》卓さんだ。私事ながら、彼は前川國男建築設計事務所時代の同僚の後輩でもある。あいにく週末の交通渋滞にも巻き込まれ、教会に到着したのは夕暮れ迫る時間帯だった。

さっそく玄関から入り、薄暗い回廊を回って聖堂に近づくと、聖歌の練習なのか、中からは静かな合唱の声が聞こえてくる。その緊張感が伝わってきたので、中に入ることは遠慮して、聖堂の周囲を巡ることにした。アプローチ側である南面の伏せったような低層の建物の印象は、反対側の北面に回ると一変する。この教会が建っているのは、ちょうど突

片岡 献　かたおか・けん（生没年不明）
京都生まれ。在日米陸軍技術部、通称D・Eに所属していた日系人。聖クララ教会はアメリカの大手設計事務所SOM（スキッドモア・オーウィングズ・アンド・メリル）の極東地区への指導を仰ぎながら設計したといわれる。

き出した小高い丘の先端であり、眼下には、思いのほか雄大な景色が広がっていた。見下ろすと、聖堂へ向って国道がまっすぐに伸びている。今回は麓へは回れなかったが、おそらく、国道沿いからは、丘の上の聖堂が、町のシンボルのように見えるのだろう。振り返ると、夕闇の中で、聖堂から漏れる明かりが温かな雰囲気を醸し出している。わずかな時

聖堂に面する中庭

高台に建つ聖堂北側の夕景

間だったけれど、来て良かったと思った。

シスター養成のための修道院創設へ

それにしても、太平洋戦争で唯一の地上戦の激戦地となった沖縄の戦後に、この教会は、どのようにして建設されたのだろうか。教会に残る資料を調査し、『沖縄建築』（第三二号、沖縄建築士会、二〇〇〇年）にまとめた塩間孝彰さんらの話によれば、おおよそ、建設までの経緯は、次のようだったという。

敗戦から二年後の一九四七年、復興支援を目的に、アメリカからフランシスコ修道会の一行が沖縄にやってくる。しかし、活動拠点となるような建物もない中で、援助活動を進めるためには、修道女であるシスターを養成する修道院の建設が必要だと判断された。そこで、一九四九年、沖縄での布教を任されたフェリックス・レイ牧師は、現在の敷地を買収し、教会の創設に取りかかる。こうして、困難な状況の下、信者たちを中心とする直営の自力建設によって建てられたのが、この教会である。レイ牧師は、一〇周年記念誌に次のような文章を寄せている。

「沖縄全土は戦災で荒廃し、経済は見る影もなく崩壊し、人心は戦禍のため混乱の渦中にありました。宣教の業にあたる者としても、手のつけようにも施すすべがなかったのです。土地もなく聖堂もなく、しかも仮の使用に供する建物さえもありませんでした。彼らが希望を託したのは、ひとにぎりほどの信者の存在でした。」

設計を担当したのは、当時、在日米陸軍技術部隊建設部で働いていた京都出身の片岡献という人物だ。しかし、残念ながら、彼の経歴や設計の経緯などはわかっていないという。それでも、教会には、工事中の写真や英語表記で端正に描かれた設計原図が大切に保管されている。建物は、大きく聖堂と修道院の二つのブロックからなり、それぞれが中庭を囲むロの字形である。中庭と修道院の外周には薄い庇が水平に伸び、日差しを除けながら、適度な採光と心地よい通風を室内へともたらしている。そして、北面は床から天井までガラスの開口部を取ることで、穏やかで透明感のある聖堂の空間が創り出された。コンクリート打放しの庇と白い壁、穴あきのコンクリート・ブロックから構成されたそのたたずまいは、簡素でつつましい。

レーモンドの影響を思わせる外観や庇のデザイン

聖堂のバタフライ形の屋根をもつ独特な外観や、庇のデザインから、誰もが連想するのは、レーモンドの夏の家（一九三三年）と、リーダーズ・ダイジェスト東京支社（一九五一年）だ。私の手元には、この連想を裏付ける資料はない。けれども、レーモンドが、戦後、アメリカの大手事務所であるSOMとの共同で、沖縄の復興計画を立案し、基地内に建てられた住宅群や教会などを設計したことは、二〇〇七年に日本へも巡回されたレーモンド展の図録巻末に掲載された資料からもわかる。確証はできないが、沖縄復興の象徴であるこの教会が、当時の状況からは想像できないほど高い技術と精度で完成できた背景には、遠くレーモンドの影響があったと思いたくなる。

二〇〇九年に出版されたエッセイストの駒沢敏器氏の著書の中に、案内をお願いした當間さんの次のような言葉を見つけた。

「ブロックもキリスト教もアメリカからもたらされたものですが、それがいつしか沖縄の風土のなかで融合して、あの教会に穏やかな美しさとして投影されています。『沖縄らしさ』ということで言うと、いまでは赤瓦が象徴のように思われていますが、僕はブロックの方が権威的ではなくて好きですね。(中略)戦禍のあった与那原という場所で、祈りのために建てられた聖クララ教会の在り方こそ、僕は沖縄の原風景として受け止めたいのです。」

(駒沢敏器『アメリカのパイを買って帰ろう』日本経済新聞出版社、二〇〇九年)

幸いにも、DOCOMOMO一〇〇選に選ばれたことをきっかけに、地元にある沖縄建築士会の島尻支部では、支部長の根路銘安史氏を中心に、音楽家の協力を得て、毎年、聖堂でコンサートを催し、この建物への理解を広める活動が続けられているという。沖縄の戦後復興を見守り、今も地域のシンボルであるこの小さな教会が、光を放ち続けていくことを願わずにはいられない。

海星高校

一九五八年竣工　長崎県長崎市東山手町

設計　吉阪隆正

「土木的な男性らしさ」を実現させた学校建築

吉阪隆正（一九一七〜八〇年）が長崎で手がけた学校建築である海星高校は、異国情緒あふれるオランダ坂を登りきった長崎湾を見下ろす小高い丘の上に建っている。日本最古の木造洋風建築として有名な旧・グラバー邸（一八六三年）にもほど近い場所にある。狭い尾根筋にあるからなのだろう、当然のことながら、学校の敷地は上の修道院や管理棟などのある部分と下のグラウンドとに分断され、高低差は二〇メートル近くにも達する。そんな厳しい条件の下、吉阪は、崖地という与条件を逆手に取って、高低差を巧みに利用した解決策を見つけ出していく。竣工後、設計プロセスを振り返った文章の中で、吉阪は次のように書き記している。

「相当な急坂の上にある学園だから、平地を求めることははなはだ困難である。せっかくあるグラウンドはこれ以上狭めたくない。（中略）私は構内を歩き廻った。ゴミ捨て

吉阪隆正　よしざか・たかまさ（1917―80）
東京生まれ。1933年にジュネーブの学校で学ぶ。41年早稲田大学建築学科卒業。50年フランス政府給費留学生として渡仏し、ル・コルビュジエに師事。52年帰国。54年研究室創設。59年早稲田大学理工学部教授。主な作品に「大学セミナーハウスⅠ期」等。

場と塵芥焼却炉のある崖が目にとまった。その片側は絶壁である。ここだけが学校の敷地の中で惨めな扱いを受けていた。図面の上で計ってみると、なんとか要求坪の数がここに入りそうだ。しめた！　しかもこの崖へ張り出すように配置すると、教室が大体南面してくれることはなお幸いである。（中略）崖地は避難階段という厄介ものを追っぱらってくれた。どの階からも直接屋外に出られるからである。そして、この出口、出たところの広場、これが強い土木的な表現となって建物を引き立ててくれる。原始の昔から、人間の知恵は、自然の中にいて自然をうまく自分のものにして、自分らの世界をつくることではなかったのだろうか。崖という自然をそのまま受け入れたこの建物は、建物というより、自然がつくってくれた、まことに都合のよい岩の塊という風な姿にでき上った。」

（『新建築』一九五九年八月号）

土木的な、動と静、光と陰が交錯する

今回、はじめて現地を訪ねたのだが、オランダ坂を登り、しばらく進むと、遠くに白い外壁と赤茶色の庇に塗り分けられた独特な形の校舎が見えてくる。いったん迂回して正門のある高いレベルの修道院側からアプローチすると、玄関ホールや職員室、突き当たりの校長室などが入る最上階の六階部分に、直接、橋を渡って入っていくことになる。この上の敷地からは一層分しか見えず、建物の大きさを感じさせない。けれども、建物の側面を左に回ると、校舎越しのはるか下方に運動場が見え、遠くには長崎湾と対岸の造船所を望

む雄大な港町の風景が開ける。

一方、右へまわると、吉阪の言葉どおり、校舎の各階からの出入口とその前の広場、そして外階段が心地よいスケール感を醸し出している。外階段を下り、グラウンドのレベルへ降り立つと、ようやく崖地に寄り添うように建つ校舎全体が姿を現わす。採光を配慮して南側へ傾いて配置された教室群が外観にリズムを刻み、最上階の職員室や校長室の窓と彫刻的なコンクリートの手すりが建物の頂部を引き締めている。

校舎内部の上下階の移動には、横に飛び出した円形の回り階段が使われる。ここは一転して開口部の少ない有機的な形で洞窟のような雰囲気だ。頂部には、竣工後、このミッション系の学校のシンボルとして、長崎湾を見下ろすマリア像が設置された。続く教室前の廊下も窓は少ない。こうして、機能的でありながら、土木的な、動と静、光と陰が交錯する、吉阪が「岩の塊」と称した校舎が今なお強い存在感を発していた。それにしても、一見何の変哲もない造形にもかかわらず、どうして吉阪の建築には、建築の原理的な力強さと独特なユーモアが備わっているのだろうか。

この校舎の竣工した翌年の一九五九年、吉阪の師事したル・コルビュジエは東京上野に国立西洋美術館を完成させている。その雑誌発表に合わせて寄稿した文章の中で、吉阪は、コンクリートに対する考え方を次のように記していた。

「端的にいって、私はダム工事のコンクリート壁は大好きだ。あそこではコンクリート壁は本当に生き生きしている。（中略）私はやはりコンクリートには土木的な男性らしさが一番適しているのではないかと思う。だからコンクリート壁を建築に生かすなら、逆に言って建築が土木的なスケールに発展するほかないのではないだろうか。」
（吉阪隆正「コンクリート壁の表情」『建築文化』一九五九年八月号）

コルビュジエから学んだこと

この言葉の背景には、海星高校において、「土木的な男性らしさ」を実現することができ

オランダ坂からの遠景

グラウンドから見る校舎

校舎北側の外部階段と広場

校舎南側から長崎湾を見る

た吉阪の自負があったに違いない。しかし、やはり、ル・コルビュジエから学んだことが吉阪の発想を育んだのだろう。一九六五年に没したル・コルビュジエを追悼する文章の中で、吉阪は、一九五五年の彼の来日時に、随行してつぶさに目撃した師の姿を次のように書き留めている。

「みなが見向きもせずに捨てる物や、いやだなと思っているもののなかに、実は尊い宝がしばしば潜んでいる。コルはそうしたものへの愛情をもつがゆえに、それが宝となり、発明発見や創造の種としていたのである。」
（吉阪隆正「自然と人間を愛した建築家」『アプローチ』一九六六年夏季号）

海星高校を設計する際、敷地の片隅で「惨めな扱いを受けていた」崖地のゴミ捨て場に可能性を見つけた吉阪の眼差しは、この言葉にもあるように、水平な目線で人間を取り巻く環境を見ていたル・コルビュジエから学んだものだろう。そして、吉阪が世界中を旅して何げない建物や人工物に注いだ愛情こそ、執拗なまでに物の形とディテールにこだわりつつ、造形することを存分に楽しもうとする原動力となったものに違いない。その結果として、ユーモアあふれるフォルムが生み出されたのだと思う。吉阪の手がけた海星高校は今なお建築とは何かを語りかけている。

追記　二〇一五年に解体されて姿を消した。

神奈川県立川崎図書館

一九五八年竣工　神奈川県川崎市

設計　吉原慎一郎

歴史を重ねてきた情報支援型の図書館

二〇一三年の二月下旬、その行方が気になって、神奈川県川崎市にある小さな図書館に立ち寄った。前年二〇一二年十一月、神奈川県教育委員会は、切迫する財政上の理由から、突然、県立図書館二館の閲覧と貸出し業務を廃止する方向で検討していると発表、この建物の存続自体も危ういことが新聞でも報じられた。そこで、どんな建物なのか、一度は見ておきたいと思ったのである。

戦前に県立の図書館をもたなかった神奈川県には、戦後まもない時期に二つの図書館が相次いで建てられていく。その最初が、指名コンペで前川國男が一等に当選し、一九五四年、横浜港を見下ろす紅葉ヶ丘と呼ばれる小高い丘の上に、神奈川県立音楽堂と一体の建物として竣工した神奈川県立図書館である。そして、続いて、四年後の一九五八年に、川崎駅から市役所前へと伸びる道路をさらに海のほうに歩いて約一五分、川崎球場や競輪場、競馬場などが集中し、およそ図書館とは場違いな一角に建てられたのが、この神奈川県立

吉原慎一郎　よしはら・しんいちろう（1908―2009）
横浜市生まれ。1929年横浜高等工業学校（現・横浜国立大学）卒業。43年創亜建築設計事務所（北京市）創立。46年横浜に創和建築設計事務所を設立。主な作品に「横浜スタジアム」。

川崎図書館だ。

前者は、東洋一とその音響の良さが絶賛された音楽堂との組み合わせであり、戦後的な公共建築の姿をはじめて形にした建築として一九五四年度の日本建築学会作品賞を受賞し、誰もが知る存在となっていく。

一方、後者の川崎図書館は、さほど知られることもなく、これまで静かに歴史を重ねてきた。設計者は、創和建築設計事務所を主宰していた横浜の建築家、吉原慎一郎である。今回の新聞報道を受けて、あちこち調べたものの、残念ながら作品集も発行されておらず、唯一、翻訳書（ダヴィッド・ルウィス編『都市構造の論理』彰国社、一九七四年）の奥付に掲載された略歴しか見つけることはできなかった。その記載によれば、吉原は、一九二九年に横浜高等工業学校（現・横浜国立大学）の建築学科を卒業後、ニューヨークのスタンダード・オイルに勤め、その後、華北交通社を経て、北京で創亜建築設計事務所を開設、戦後の一九四六年に、横浜で創和建築設計事務所を設立している。また、彼は、前川國男の神奈川県立図書館・音楽堂や村野藤吾が当選して建設された横浜市庁舎（一九五九年）などの指名コンペの候補者にも選ばれている。おそらく、地元横浜を代表する建築家として、地道な設計活動を長く続けたのだろう。代表作には、横浜市庁舎の目の前に建つ横浜スタジアム（一九七八年）が挙げられる。

開口部を極力減らした外観

さて、この川崎図書館は、地下一階、地上三階建て、延床面積三〇〇〇平方メートルほどの規模をもつ。先の前川の図書館よりもやや大きめであり、当時としては立派な規模を

正面外観

3階の閲覧室

誇る建物だったに違いない。訪れると、二階部分に水平の細い連続窓は取られているものの、全体としては開口部の極めて少ない閉じた箱のような印象の建物が現れる。外壁は、コの字形をしたプレキャスト・コンクリートのパネルで覆われている。また、一階は外壁面が少し奥へと入り込み、そこに男鹿川産の玉石が張られ、上部の工業製品的な表情と対比的に扱われている。それにしても、前川の図書館とは対照的なこの閉じた外観はどこから発想されたのだろうか。

設計の担当者の中山祐一は、「この敷地は図書館敷地として聴覚的にも、視覚的にもまったく不適当である。この不適当性を建築によって克服すべく新しい方式を工夫しなければならない。」(『新建築』一九五九年一月号)と記している。確かに、目の前には川崎球場や競輪場があり、交通量の激しい道路にも面している。隣接する駐車場に出入りする車の騒音も大きい。また、窓からの眺めにしても図書館にふさわしいとは言い難い。こうして、建物の開口部を極力減らしつつ、外壁を二重にすることによって、外部騒音の影響を軽減する方法が考案されたのだ。

三階に設けられた図書館の閲覧室は、トップライトによって採光し、この時代には珍しく、完全空調によって室内の環境を一定に保つ方式も採用された。外観のデザインはこのような図書館としての落ち着いた雰囲気を求めて創出されていたのである。

そうしてできた簡素な三階の閲覧室には熱心に調べものをする人々の姿があった。また、二階の展示コーナーには、今回の廃止の動きを受けて、壁いっぱいに『神奈川新聞』の特集記事が掲示されていた。それらの記事からこの図書館のユニークな特徴も見えてきた。背景には、工場地帯に隣接する地域性を逆手に取って活かそうとする草創期の職員の努力があったのだろう。「科学と産業の情報ライブラリー」と案内パンフレットに謳われているように、ここには産業史や技術史の調査研究にとって有益な社史や経済団体史、労働組合史などの貴重なコレクションが集められて充実しており、その数は一万六〇〇〇冊にもなるという。また、科学技術関係の雑誌類や社内の技術報告書なども収集され六四〇〇誌も所蔵している。

日本にも、これほど特化した情報支援型の図書館があったのか、と同時に、閲覧と貸出し業務を廃止するという計画がこのまま進めば、ここまで蓄積されてきた貴重な社会的役割が消えてしまうだろうと思えた。しかし、最新情報によれば、この図書館を支援してきた神奈川県資料室研究会の働きかけや、急きょ結成された「神奈川の県立図書館を考える会」の活動もあって、二〇一三年三月、県は廃止方針を撤回し、川崎図書館の臨海部への統合移転を検討していると発表した。戦後に生まれた自由に閲覧でき、貸し出し可能な図書館はどこへと向かうのだろう。この図書館はその未来を見守っている。

追記　二〇一七年度末にかながわサイエンスパーク（川崎市溝口）に移転する方向で調整中とされている。

関西大学

一九五一年〜七四年竣工　大阪府吹田市

設計　村野藤吾

ローコスト校舎群に込められた建築家の矜持

二〇一五年十月中旬、遅ればせながら、大阪府吹田市の千里丘陵の起伏に富んだ敷地に広がる関西大学千里山キャンパスを学生たちとはじめて訪れる機会があった。東京の目黒区美術館で二〇一五年夏に開催された「村野藤吾の建築―模型が語る豊饒な世界」展を二〇一六年に京都工芸繊維大学美術工芸資料館に巡回するにあたり、村野藤吾の手がけた大学キャンパスとして名高い関西大学の校舎群を学生たちと新規に模型制作して展示に加えようと思い立ったからである。

阪急電鉄千里線の関大前駅で降り、大勢の通学生の後について五分ほど歩くと正門にたどり着く。関西大学は、フランス人法学者ボアソナードの教えを受けた司法官と自由民権運動家の連携によって、一八八六年に大阪府西区京町堀に設立された関西法律学校に始まり、二〇一六年には創立一三〇周年を迎えるという。千里山キャンパスも一九二二年の学舎建設以来の長い歴史をもち、現在の敷地の総面積は三五万平方メートルに及ぶ。緑豊か

村野藤吾　むらの・とうご（1891―1984）
→p.24参照

な広大な台地に、法学部、文学部、経済学部などの校舎群が数多く立ち並び、そこに学ぶ総数約二万五〇〇〇人の学生たちであふれるキャンパスの風景は壮観だった。

増改築を重ねた校舎群

この千里山キャンパスに、戦後まもない一九五一年から二〇年以上にわたって竣工する

法文図書館（1955年）の現況外観

特別講堂（1962年）の現況外観

校舎群の設計を手がけていったのが村野藤吾である。その数は数十棟にもなるという。しかし、学生数が急増する中で、校舎群は現在に至るまで増改築を重ねており、村野の時代にはキャンパスの象徴として中央にあったグラウンドにも、鬼頭梓の設計によって総合図書館（一九八四年）が建てられ、キャンパスの様相は大きく変化した。それでも、同大学の准教授で近代建築史が専門の橋寺知子さんらの道案内でめぐった村野建築十数棟は、竣工当時の面影を残し、大切に使われていた。中でも、ユニークな円形プランの重厚な法文図書館（一九五五年、現・簡文館）と軽快な専門図書館（一九六四年、現・円神館）との対比や、どこかル・コルビュジエのロンシャンの礼拝堂を連想させる特別講堂（一九六二年、現・KUシンフォニーホール）の力強い造形、そして、F・L・ライトのような不思議な形の塔屋が載った屋根をもつ体育館（現・千里山東体育館）など、キャンパスの要の場所に点在する建物は、村野の造形力の幅の広さと奥行を感じさせてくれた。また、それ以外の何の変哲もない校舎群にも、素材と細部のディテールに繊細な取り扱いが見て取れた。

それにしても、これほど長く、校舎群を設計し続けた村野は、よほど大学から全幅の信頼を得て、さぞかし恵まれた条件の下で設計にあたったのだろうと思われがちだ。しかし、一九六四年の建築雑誌の取材で村野にインタビューして論考をまとめた佐々木宏（ペンネーム中真己《なかまさき》）の次の文章を読むとき、その印象は一変する。

「関西大学の一連の建築は、ひとつひとつどれをとってみても、ローコストであり、敷地条件も悪く、しかも大学当局側のマスタープランの欠如という大きなマイナスの条件がある。ひとりの建築家が長い間、継続してデザインしてきたということが、唯一の恵まれた条件のように思われるかもしれないが、これとても、大学にとって幸いしたのであって、これを執拗に貫いた建築家にとっては、むしろ自ら困難を買って出たようなものなのである。事実、工学部実験室については、設計料を払うことができないほど予算が乏しいので、施工会社に簡易なものを建てさせるようにほぼ決まりかけていたものを、村野が、大学建築というものがいかに青少年の人間形成の場として重要であるかを説き、これまで継続して設計してきた以上設計料なんぞ貰わなくても自ら設計したいと申し出たので、彼がデザインすることができた、と自ら語っている。その折に、実験室だから工場だからといって、建築家にわざわざ設計するのを忌避して安直な建物をつくってしまう傾向が一般にあるのは残念であるといい予算に乏しくローコストであればあるほど、すぐれたデザインが必要なのではないか、と力説したのがいまでも強く印象に残っている。」

（中真己「関西大学の建築群をめぐって」『近代建築』一九六四年一月号）

残念ながら、文中の工学部実験室は現存しないが、竣工当時の写真を見ると、ミースの代表作であるイリノイ工科大学のキャンパスを彷彿とさせる鉄骨造の清新な建物であったことがわかる。そして、ここで佐々木が訊《き》き出しているように、村野には、大学キャンパスがいかに学生たちの人間形成にとって重要な意味をもつのかについての自覚と、そのために、たとえローコストの校舎であっても、それにふさわしい建築としての質を与えようと努力を惜しまなかった建築家としての矜持《きょうじ》があったのだ。関西大学に関する残された設計原図は約二一〇〇枚に上り、その格闘の軌跡を今に伝える。さらに、同じ文章で佐々木が指摘したように、「もっとも一般的であり、しかも、もっとも苛酷な条件の下で設計された関西大学」からは、村野の建築の真価を読み解く新たな手がかりが得られるのではないかと思う。

国立競技場

一九五八・六四年竣工　東京都新宿区霞ヶ丘町

設計　建設省（角田 栄）

平和の願いが込められたスポーツの聖地

二〇一三年九月八日、二〇二〇年のオリンピック開催都市に東京が選ばれ、テレビや新聞の報道は祝祭ムード一色に包まれた。しかし、その直後から、開会式が行われる新国立競技場の建設計画をめぐって大きな議論が巻き起こった。それは、元をたどれば、建築家の槇文彦氏が、招致決定前に日本建築家協会の機関誌へ寄稿した文章、「新国立競技場案を神宮外苑の歴史的文脈の中で考える」（『JIA News』二〇一三年八月号）による貴重な問題提起に始まる。槇氏の主張は明快だ。

東京有数の都市的景観として著名な神宮外苑という環境とおよそ不釣り合いな巨大な規模と災害時などの防災計画への不安、そして、実施案のデザインを選んだ国際コンペ要項の杜撰《ずさん》さと計画決定プロセスの不透明性への疑義である。この問いかけは大きな共感を呼び、シンポジウムの開催や意見書の提出などが相次いで議論は市民へと広がった。だが、オリンピック開催という至上目的の下、規模は二割ほど縮小されたものの、既定路線のま

角田 栄　つのだ・しげる（1913—93）
奈良県生まれ。1937年京都帝国大学工学部建築学科卒業後、大蔵省に入省。46年戦地より帰国後、建設省入省。同省関東地方建設局建築課長として国立競技場の設計を担当。64年同競技場の観客席増設と聖火台設計も手がける。他に「関東労災病院」「新宿御苑温室」等。

観客席から聖火台とトラックを見る

北側から見るメインスタンド外観

ま突き進んでいる。ここでは、こうした性急な事態を前に、むしろ、二〇一四年七月からこの計画のために取り壊される予定になっている現在の国立競技場について振り返っておきたい。

建て替え・増築を経て完成

国立競技場の建つ明治神宮外苑は歴史を目撃してきた場所でもある。一九四三年十月二一日、一九二四年の竣功以来、数々の名選手と世界新記録を生み出し、市民の憩いの場所でもあった明治神宮外苑競技場では、冷たい雨の降りしきる中、七万人の学生を召集して動員学徒壮行会が挙行された。彼らはここから激戦地へと向かい、その多くは戻らなかった。敗戦後、進駐軍に接収されていた外苑競技場は返還されて国有となり、一九五六年、建設省の設計によって一九五八年の開催が決まったアジア競技大会のために建て替えられることになる。このような経緯を経て完成したのが、今の国立競技場である。そして翌一九五九年には、日本ではじめてとなる第一八回オリンピック大会の開催が決まったため、観客席の増築工事が急ピッチで行われていく。

こうして迎えた一九六四年十月十日、東京オリンピックの開会式は、「世界中の秋晴れを全部東京へもってきてしまったような青空です」と、テレビ中継で報道された。おそらく、国立競技場の建設に携わった人々の脳裏には、同じ場所を雨の中、行進した出陣学徒の姿が二重写しになったに違いない。

東京オリンピックから三〇周年の節目に行われた座談会（『国立競技場の三〇年』体育施設出版、一九九四年）には、当時を振り返った複数の発言が残されている。例えば、競技場の実施設計を担当した大成建設の内藤澄守は、次のような回想を述べていた。

「思い出の一つは、国立競技場を造る前にあった、神宮外苑陸上競技場の解体です。学徒動員で雨の降りしきるあの競技場から出陣していった先輩達を見送った一人として、忘れられない建物でした。」

敗戦後の劣等感を跳ね返すために

また、丹下健三の下で、この国立競技場の増築と共にメイン会場として新築された代々木の国立屋内総合競技場の設計を担当した神谷《かみや》宏治は、次のように証言していた。

「私は当時、丹下研究室にいましたが、日本が戦争で負けてまだ十五〜十六年しか経っていなかった頃ですので、その国がオリンピックを開こうなんて、若い我々でも相当冒険ではないかという気がしてました。ですから当初、かなり緊張していたことは今でも記憶に残っています。それはどういう緊張感かと言いますと、敗戦以来の一種の劣等感と言いますか、それを何とかはね返すんだ、日本がこれから国際社会に返り咲いていく名刺代わりとして、オリンピックを開き、目覚ましく復活していくんだということを建築を通しても世界に示すんだという意気込みだったように思います。」

これらの証言からは、一九六四年の東京オリンピックが、いかに戦争からの復興と国際社会への復帰という平和への願いの込められたものであったのか、が見えてくる。また、そこには、富国強兵という国家的要請に基づく鍛練としての戦前の体育から、誰もが気軽に楽しめるスポーツへの戦後的転換という意味も託されていたのだと思う。だからこそ、一九五八年三月、国立競技場設立について、衆議院文教委員会で意見聴取を受けたスポーツ評論家の川本信正は、次のように述べたのである。

「国立競技場を活用する基本は、国民の本当の意味におけるスポーツ振興の場になってもらいたい。そのためには使用料もできるだけ低廉にし広くアマチュアスポーツに開放すべきである。スポーツ以外の行事はできるだけ避け、運営については国が十分に補助すべきである。」

(『国立競技場十年史』国立競技場、一九六九年)

この川本の提言はオリンピック後も活かされ、二〇一三年十二月一日、この競技場で最後の早明戦が催されたラグビー大学対抗戦をはじめ、全国高校サッカー選手権大会や市民マラソンなど、アマチュアスポーツの聖地として長く親しまれてきた。こうした歴史を振り返るとき、唐突に計画された新国立競技場は市民に開かれた場所になり得るのか。神宮外苑の森の上に広がる高い空は、そう問いかけている。

追記　二〇一五年に解体されて姿を消した。

国立西洋美術館

一九五九年竣工　東京都台東区上野公園
設計　ル・コルビュジエ

ル・コルビュジエが日本に託した構想

二〇〇九年は、東京上野の国立西洋美術館が開館してちょうど五〇周年の節目にあたる年だった。そのため、春から夏にかけては、それを記念する展覧会、「ル・コルビュジエと国立西洋美術館」展が開催された。さまざまな経緯から、筆者はこの企画に学生たちと加わり、その中で気づかされたことも多い。そこで今回は、この建築について書き留めておきたい。

よく知られているように、最初に建てられた美術館の本館は、二〇世紀モダニズム建築の最重要建築家の一人といわれる、ル・コルビュジエが設計を手がけ、彼が日本に遺した唯一の建築である。また、その実現のために、詳細な実施設計と現場監理は、彼に学んだ三人の弟子たち、坂倉準三、前川國男、吉阪隆正が手弁当で協同したことでも有名だ。今回の展覧会では、パリのル・コルビュジエ財団から、当時の設計図やスケッチ、模型など貴重なオリジナル資料が運ばれ、美術館に保管されていた設計契約書や、日本側で作成さ

ル・コルビュジエ　Le Corbusier（1887―1965）
オーギュスト・ペレ、ペーター・ベーレンスの事務所で建築を学ぶ。『エスプリ・ヌーヴォー』創刊に関わった後、1922年事務所設立。CIAM（近代建築国際会議）の中心的メンバーの一人。代表作に「サヴォア邸」「ユニテ・ダビタシオン」「ロンシャンの礼拝堂」等。

れた実施設計の図面類と共に展示された。併せて、建設のきっかけとなった松方コレクションの返還から建設までの苦難の道のりや、その後に行われた増築工事、上野公園の現在に至る変遷など、この建築をめぐる歴史の全体像の紹介も意図されていた。

さて、図録に収録された資料の中で興味を引かれたのは、実施設計図の仕様書である。そこからは、ル・コルビュジエの求めたものとは何か、が読み取れる。二つの点に注目したい。

自然光の取り入れと打放しコンクリート

一つは、「美術館の建築コンセプトに関する特記事項」である。そこには、「四方からの光は美術館を活き活きとしたものにするだろう。それは建物の方位を示唆し、単調さを打破する」として、展示室に自然光を積極的に採り入れることの意義が謳われていた。この自然採光については、開館後に大きく問題視されて、最終的には、人工光にすべて切り替えられてしまう。けれども、彼には、自然の光が建築に活気と時間の移ろいを与える大切な要素であるとの認識があったのである。

また、もう一つは、コンクリートの扱い方を記した項目である。そこでは、「鉄筋コンクリートの荷重を担う部分は、全般的に打放しコンクリートでなければならない」と明記されており、具体的な部位として、「柱、梁、スラブ、外部階段の手すり」「地上階天井の縁の梁」「屋上パラペットの笠木」などが挙げられている。この指示からは、建物全体が白く塗られていたサヴォア邸（一九三一年）など初期作品とは異なり、建築を支える構造体をコンクリート打放し仕上げとすることによって、その構成を明晰な形で表現しようとする意図が読み取れる。

そして、このいずれにも、建築のあり方を、自然との関係性の中でとらえようとしながらも、その一方で、人間がつくり上げた思考の結晶として、あくまで自然と対峙するような、より厳格な構成体として力強く明示しようとする考え方がうかがえる。それは、直前に完成したロンシャンの礼拝堂（一九五五年）や、目の前で現場が進行中だったラ・トゥーレットの修道院（一九六〇年）、インドのチャンディガールの首都計画とも連なる、ル・コルビュジエの建築思想の到達点でもあったのだと思う。

上野公園の文化ゾーン構想

また、当時の厳しい社会状況の中にあって、結果的に完成したのは本館の一棟だけだったが、基本設計の全体計画図には、それ以外の施設として、音楽と演劇のための実験劇場と、現代美術の企画巡回ができるパビリオンの計画も描き込まれていた。そして、ル・コルビュジエは、一九五六年三月、基本設計の進捗具合の確認にアトリエを訪れた日本の係官に向かって、「美術館は自分が引き受けるが、他の二つは誰か他の人にやって貰えば良いと考えている」と語ったという（垂木祐三編『国立西洋美術館設置の状況』国立西洋美術館協力会、一九八八年）。そこには、自らの死を予感してもいたのだろうか、バトンを次の世代へとつなげてほしい、という彼の思いを読み取ることもできると思う。いわば、彼は、連歌を詠むような形で、上野公園の文化ゾーン構想を日本へと託したのである。

そして、その願いは、他でもない、この美術館の設計に協力した坂倉準三と前川國男の手によって続けられていくことになる。それは、本館を囲むように建てられた、一九六四

東京文化会館屋上から見た全景

青柳正規館長(当時)と模型制作した学生たちと共に展覧会場にて

年の坂倉による講堂と事務棟や、ル・コルビュジエと坂倉亡き後の、一九七九年の前川による新館だけにとどまらなかった。前川は、東京文化会館（一九六一年）と東京都美術館（一九七五年）を手がけることによって、ル・コルビュジエの思いを上野公園全体にまで展開させたのである。

さらに、前川の没後も、本館は一九九八年に先進的な免震化が図られて、二〇〇七年には国の重要文化財に指定される。同時に、前庭の地下に企画展示館が増築された際、一九五九年以来の懸案だった、開館時の前庭と本館一階のロビー部分の無料開放も実現した。

こうして、西洋美術館は、時代を超えて、今も開かれた文化と都市的風景の生成の起点としての光を発し続けている。そして、その光が世界へと届いたのだろう。二〇一六年七月一七日、トルコのイスタンブールで開催されたユネスコの委員会で、ル・コルビュジエが果たした二〇世紀のモダニズム建築運動への貢献を代表する世界七カ国に点在する一七件の建築の一つとして、世界遺産に登録されることが決まったのである。この登録をきっかけに、広く日本のモダニズム建築への理解が深まってほしいと思う。

世田谷区民会館・区庁舎

一九五九・六〇年　東京都世田谷区世田谷

設計　前川國男

都市の中に広場的な公共空間をつくる

東京都二三区の中で最多となる約九〇万人が暮らす世田谷区では、ここ数年来、区庁舎の建て替えをめぐる議論が続いている。竣工から半世紀が経過し、老朽化と耐震性への不安から、全面建て替えを求める声が高まっているからだ。しかし、隣接する区民会館と共に前川國男が手がけ、広場を中心とする郊外型公共施設のあり方を先駆的に示した好例として評価も高い。二〇一四年には、DOCOMOMO選定建築にも選ばれている。このため、日本建築学会や日本建築家協会、DOCOMOMO Japanなどから保存要望書が相次いで出されてきた。そこでここでは、改めてこの建物に込められたものとは何かについて振り返っておきたい。

この区民会館と区庁舎は、一九五七年に行われた日建設計、佐藤武夫、山下寿郎、前川國男の四者による区庁舎として初の指名設計競技によって前川案が選ばれて建設された。前川の下で設計を担当した鬼頭梓の記した次の文章からは、東京が直面していた都市の現

前川國男　まえかわ・くにお（1905—86）
→p.40参照

実が浮かび上がってくる。

「東京が巨大な村落であるといわれているように、それは一つの都会としての有機的な内容を失ってしまった。都心が、密集する高層ビルと自動車の氾濫によって、その機能が麻痺し始めている時に、その郊外の住宅地は、平面的に無限に拡がりながら、小さな庭と小さな木造住宅によって埋めつくされようとしている。（中略）その中で人々は狭い殻に閉じこもって、孤独の生活を細々と守っている。このように無数の矛盾をはらみながら、しかも今の東京には未だ健康な幸福な都会生活へのイメージすら存在していない。そこには、そのようなイメージを育てるような共通の意識、連帯感がそもそも存在していない（中略）このような中で、世田谷の区民会館という、本来人々の幸福に連なる筈の公共施設の設計を委嘱されたとき、私たちは強い意欲をいだくと同時に、何を手掛りとしてこの設計を進めていったらよいのかに苦しんだ。」

（鬼頭梓「区民会館の設計で考えたこと」『建築文化』一九五八年六月号）

親しみのある公共的な空間を

この文章にあるように、高度経済成長期に突入した当時の東京では、人口集中が急速に進み、通勤ラッシュや交通渋滞といった軋《きし》みが起き始めていた。そんな中、身近な場所に心のよりどころとなる公共的な空間が切望されたのだろう。敷地は松陰神社や豪徳寺にほど近い閑静な住宅地の一角にある。ここに地域の核となる集会室や展示室、結婚式場などからなる公会堂と、一三〇〇人を収容する本格的な舞台をもつ劇場、区庁舎が計画された。また、実は、敷地の大半はある一人の地主からの寄贈であり、建設費も地元民の寄付金を元に地道な積み立てによって賄われたという。だからこそ、こうした時代背景と人々の期待を前に、鬼頭は、竣工後、この建物で何をめざしたのかについて、次のように記したのである。

「親しみやすい空間を創りたい。ちょうど四年前、はじめてこの設計に手をつけた時、最初に思ったことであった。（中略）前面道路から裏側まで連なる広場、その中途におかれたピロティーの右に庁舎、左に区民会館の入口という配置は、いわば、道路に囲まれた広場の一隅にホワイエ、一隅に役所のカウンターをおくといった気持だった。（中略）市民の生活の場に連なる空間を主体として考え、その空間を創り出すものとして区民会館と区庁舎が置かれたといってもよいと思う。道路がひろがり、ふくれあがり、のびていって広場となり、また道路へと連なってゆく。二つの建物とピロティーによってつくられ、欅と灌木に囲まれ、ベンチのおかれたその広場を、人々は通り抜け、吹き溜りのようにあちこちに溜り、子供は遊びまわる。区役所や区民会館に来る人たちと、直接関係のないこんなことが、いかにも大切なことにおもえてくるのである。」

（鬼頭梓「配置計画のことなど」『建築文化』一九六一年五月号）

回遊性のある空間を創出

こうして、区の樹木である欅の植えられた前面道路側の前庭から、二階建ての公民館の下に設けられたピロティをくぐると、折板構造のコンクリート打放しの荒々しい表情の外壁を背景に中庭的な広場がひろがる独特な外部空間の構成が生み出された。また、公民館には水平に伸びる大きな庇が設けられ、建物の周囲には区庁舎も含めてバルコニーや外部階段もめぐらされて、回遊性のある公共空間がつくり出されている。さらに、当時の職人たちの手仕事の跡を如実に映し出すコンクリートで空間のすべてをつくることによって、骨格のたくましさと素朴な表情をもつ建築がめざされたのである。

そして、この建物には、前川が一九五一年に丹下健三や吉阪隆正らと参加して師のル・コルビュジエとの二一年ぶりの再会を果たした、ロンドンで開催された第八回近代建築国際会議（CIAM）の「都市のコア」というテーマも盛り込まれていた。すなわち、合理的で機能的な近代建築の追求だけでは居心地の良い都市は実現できず、そこに核となる広場的な公共空間を組み込むことが必要であるという視点を前川は日本へ持ち帰り、自ら実践しようとしたのである。

時は流れ、心のよりどころとなる親しみやすい空間を切望した人々とそれに応えようと努力した設計者の思いは忘れ去られてしまったのかもしれない。それでも、ここからは公共性とは何かに応える質が今も変わらずに発信されている。

ある日の広場の情景

東側の前庭と欅並木

掲載建物リスト

＊カッコ内は竣工年

＊DOCOMOMO:Documentation and Conservation of buildings, sites and neighborhoods of the Modern Movement

I　戦前期・戦後復興期

1　**東京駅**（1914年）辰野金吾設計
所在地：東京都千代田区丸の内1-9-1
2003年国重要文化財

2　**京都中央電話局**（1926年第1期・1931年第2期）吉田鉄郎設計
所在地：京都市中京区烏丸通姉小路下ル場之町

3　**森五商店東京支店**（1931年）村野藤吾設計
所在地：東京都中央区日本橋室町4-1-21（近三ビルディング）
2003年DOCOMOMO選定

4　**北國銀行武蔵ヶ辻支店**（1932年）村野藤吾設計
所在地：石川県金沢市青草町88

5　**聖母女学院**（1932年）アントニン・レーモンド設計
所在地：大阪府寝屋川市美井町18-10（大阪聖母女学院）
1997年国登録文化財

6　**木村産業研究所**（1932年）前川國男設計

２００３年ＤＯＣＯＭＯＭＯ選定　２００４年国登録文化財

7
宇部市民館（１９３７年）村野藤吾設計
所在地：山口県宇部市朝日町８-１（宇部市渡辺翁記念会館）
１９９９年ＤＯＣＯＭＯＭＯ選定　２００５年国重要文化財

8
慶應義塾寄宿舎（１９３７年）谷口吉郎設計
所在地：神奈川県横浜市港北区箕輪町１-11-19
２０１５年ＤＯＣＯＭＯＭＯ選定

9
大阪中央郵便局（１９３９年）吉田鉄郎設計
所在地：大阪市北区梅田３-２-４
２００３年ＤＯＣＯＭＯＭＯ選定
＊２０１２年解体

10
旧・飯箸邸（１９４１年）坂倉準三設計
建設地：東京都世田谷区等々力
移築後：長野県北佐久郡軽井沢町追分小田井道下46-13（ドメイヌ・ドゥ・ミクニ）
２００６年ＤＯＣＯＭＯＭＯ選定

11
前川國男自邸（１９４２年）前川國男設計
建設地：東京都品川区上大崎３丁目
移築後：東京都小金井市桜町３-７-１（都立小金井公園内）江戸東京たてもの園
２０１５年東京都指定文化財

12
藤村記念堂（１９４７年）谷口吉郎設計
所在地：岐阜県中津川市馬籠４２５６-１
２０１６年ＤＯＣＯＭＯＭＯ選定

Ⅱ　戦後１９５０年代

13　**神奈川県立近代美術館**（１９５１年）坂倉準三設計
１９９９年ＤＯＣＯＭＯＭＯ選定
＊２０１６年3月31日閉館
所在地：神奈川県鎌倉市雪ノ下２-１-53

14　**東京日仏学院**（１９５１年）坂倉準三設計
２０１６年ＤＯＣＯＭＯＭＯ選定
所在地：東京都新宿区市谷船河原町15（アンスティチュ・フランセ東京）

15　**旧・秋ノ宮村役場**（１９５１年）白井晟一設計
建設地：秋田県湯沢市秋ノ宮山居野
移築後：秋田県湯沢市秋ノ宮字山居野11（秋の宮温泉郷稲住温泉）

16　**西条栄光教会**（１９５１年）浦辺鎮太郎設計
所在地：愛媛県西条市明屋敷２３６

17　**三重大学レーモンドホール**（１９５１年）アントニン・レーモンド設計
２００３年国登録文化財
所在地：三重県津市栗真町屋町１５７７　三重大学附属図書館

18　**旧・井上房一郎邸**（１９５２年）アントニン・レーモンド設計
所在地：群馬県高崎市八島町１１０-２７（高崎市美術館内）

19　**高島屋東京店増築**（１９５２～１９６５年）村野藤吾設計
２００９年国重要文化財
所在地：東京都中央区日本橋２-４-１

20　**弘前中央高校講堂**（１９５４年）前川國男設計
所在地：青森県弘前市蔵主町７-１

21　**神奈川県立図書館・音楽堂**（１９５４年）前川國男設計

１９９９年ＤＯＣＯＭＯＭＯ選定
所在地：神奈川県横浜市西区紅葉ヶ丘9-2

22　**ＮＨＫ富士見ヶ丘クラブハウス**（１９５４年）前川國男設計　＊２０１６年解体
建設地：東京都杉並区浜田山2-5

23　**三里塚教会**（１９５４年）吉村順三設計
所在地：千葉県成田市三里塚47-2

24　**世界平和記念聖堂**（１９５４年）村野藤吾設計
２００３年ＤＯＣＯＭＯＭＯ選定
２００６年国重要文化財
所在地：広島県広島市中区幟町4-42

25　**広島平和記念資料館**（１９５５年）丹下健三設計
１９９９年ＤＯＣＯＭＯＭＯ選定
２００６年国重要文化財
所在地：広島県広島市中区中島町1-2

26　**法政大学55・58年館**（１９５５・１９５８年）大江宏設計
２０１３年ＤＯＣＯＭＯＭＯ選定
＊２０１６年解体
建設地：東京都千代田区富士見2-17-1

27　**国際文化会館**（１９５５年）坂倉準三・前川國男・吉村順三共同設計
２００３年ＤＯＣＯＭＯＭＯ選定　２００６年国登録文化財
所在地：東京都港区六本木5-11-16

28　**秩父セメント第2工場**（１９５６年）谷口吉郎設計
１９９９年ＤＯＣＯＭＯＭＯ選定
所在地：埼玉県秩父市大野原１８００

29　**聖アンセルモ教会**（１９５６年）アントニン・レーモンド設計

30 日土小学校（1956・1958年）松村正恒設計
所在地：東京都品川区上大崎4-6-22
1999年DOCOMOMO選定

31 岡山県庁舎（1957年）前川國男設計
所在地：愛媛県八幡浜市日土町2-851
2012年国重要文化財

32 香川県庁舎（1958年）丹下健三設計
所在地：岡山県岡山市北区内山下2-4-6
2016年DOCOMOMO選定

33 弘前市庁舎（1958年）前川國男設計
所在地：香川県高松市番町4-1-10
1999年DOCOMOMO選定

34 八幡市民会館（1958年）村野藤吾設計
所在地：青森県弘前市上白銀町1-1
2015年国登録文化財

35 大阪新歌舞伎座（1958年）村野藤吾設計
所在地：福岡県北九州市八幡東区尾倉2-6-5
2015年DOCOMOMO選定

36 聖クララ教会（1958年）片岡献設計
建設地：大阪府大阪市天王寺区上本町6-5-13
2013年DOCOMOMO選定
＊2015年解体

37 海星高校（1958年）吉阪隆正設計　＊2015年解体
所在地：沖縄県島尻郡与那原町与那原3090-5
2003年DOCOMOMO選定

建設地：長崎県長崎市東山手町5-3

38 **神奈川県立川崎図書館**（1958年）吉原慎一郎設計

＊2017年度末にかながわサイエンスパーク（川崎市溝口）に移転する方向で調整中とされている。

所在地：神奈川県川崎市川崎区富士見2-1-4

39 **関西大学**（1951～1974年）村野藤吾設計

うち簡文館は、2007年国登録文化財

所在地：大阪府吹田市山手町3-3-35

40 **国立競技場**（1958・1964年）建設省（角田栄）設計　＊2015年解体

建設地：東京都新宿区霞ヶ丘町10-2

41 **国立西洋美術館**（1959年）ル・コルビュジエ設計

2003年DOCOMOMO選定　2007年国重要文化財

2016年ユネスコ世界遺産

所在地：東京都台東区上野公園7-7

42 **世田谷区民会館・区庁舎**（1959・1960年）前川國男設計

2014年DOCOMOMO選定

所在地：東京都世田谷区世田谷4-21-27

DOCOMOMOとは

20世紀の建築の重要な潮流、モダン・ムーブメントに関わる建物とその環境の保存を訴えるために、オランダのフーベルト・ヤン・ヘンケット（当時アイントホーヘン工科大学教授、現デルフト工科大学教授、初代会長）の提唱により、1988年に設立された国際学術組織。日本支部は、1998年にDOCOMOMO本部からの要請を受ける形で、日本建築学会の建築歴史・意匠委員会下のドコモモ対応ワーキンググループを母体に、20件の選定作業を開始した。2000年のブラジリア総会でDOCOMOMOの支部として正式に承認された。初代代表は鈴木博之（東京大学教授）。

掲載建物マップ

＊白抜き数字は２０１６年10月時点、解体もしくは閉館・取り壊し予定の建物

青森県
⑥木村産業研究所
⑳弘前中央高校講堂
㉝弘前市庁舎

秋田県
⑮旧・秋ノ宮村役場

群馬県
⑱旧・井上房一郎邸

埼玉県
㉘秩父セメント第２工場

千葉県
㉓三里塚教会

神奈川県
⑧慶應義塾寄宿舎
⓭神奈川県立近代美術館
㉑神奈川県立図書館・音楽堂
㊳神奈川県立川崎図書館

沖縄県
㊱聖クララ教会

石川県
④北國銀行武蔵ヶ辻支店

長野県
⑩旧・飯箸邸

岐阜県
⑫藤村記念堂

三重県
⑰三重大学レーモンドホール

京都府
②京都中央電話局

大阪府
⑤聖母女学院
❾大阪中央郵便局
㉟大阪新歌舞伎座
㊴関西大学

岡山県
㉛岡山県庁舎

広島県
㉔世界平和記念聖堂
㉕広島平和記念資料館

山口県
⑦宇部市民館

福岡県
㉞八幡市民会館

長崎県
㊲海星高校

香川県
㉜香川県庁舎

愛媛県
⑯西条栄光教会
㉚日土小学校

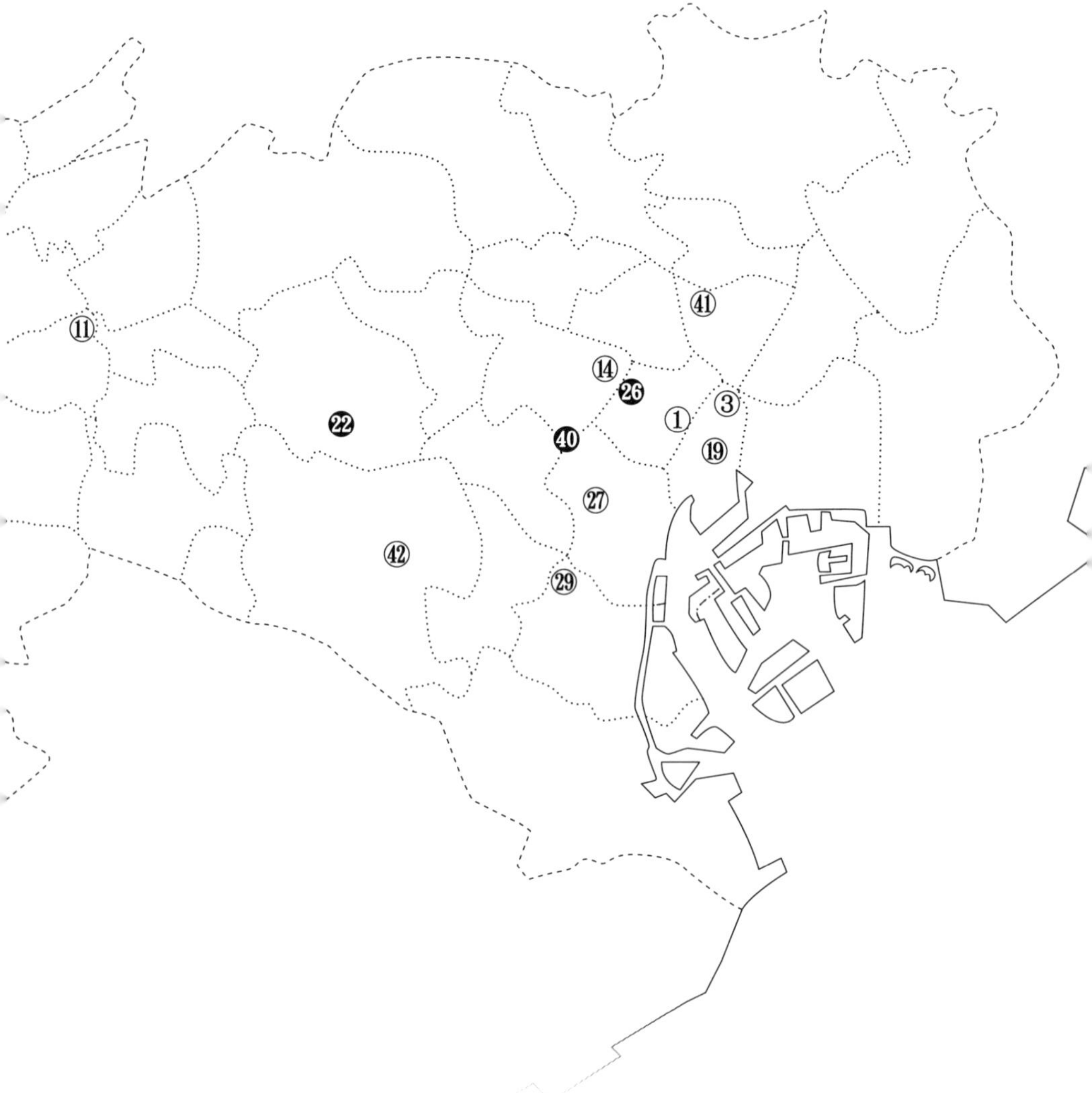

〈東京都のエリア〉

①東京駅
③森五商店東京支店
⑪前川國男自邸
⑭東京日仏学院
⑲高島屋東京店増築
㉒NHK富士見ヶ丘クラブハウス
㉖法政大学55・58年館
㉗国際文化会館
㉙聖アンセルモ教会
㊵国立競技場
㊶国立西洋美術館
㊷世田谷区民会館・区庁舎

本書は大阪府建築士会『建築人』（二〇〇九年四月号～二〇一六年八月号）に連載された「記憶の建築」に、その後の経過などを追記として加筆したものです。

著者プロフィール

松隈　洋（まつくま・ひろし）

京都工芸繊維大学教授。1957年兵庫県生まれ。1980年京都大学工学部建築学科卒業後、前川國男建築設計事務所に入所。2000年4月京都工芸繊維大学助教授。2008年10月より現職。博士（工学）。専門は近代建築史、建築設計論。著書に『ルイス・カーン』『近代建築を記憶する』『坂倉準三とはだれか』『残すべき建築』、編著に『前川國男―現代との対話』など。2013年5月よりDOCOMOMO Japan代表。展覧会キュレーターとして「文化遺産としてのモダニズム建築―DOCOMOMO20選」展（2000年）と「同100選」展（2005年）があり、「生誕100年・前川國男建築展」（2005年）では事務局長を務めたほか、アントニン・レーモンド、坂倉準三、C・ペリアン、白井晟一、丹下健三、村野藤吾、谷口吉郎・谷口吉生、吉村順三、大高正人など、多くの建築展の企画にも携わる。文化庁国立近現代建築資料館運営委員。

写真：著者撮影
装幀デザイン：工藤強勝・舟山貴士・生田麻実
編集：只井信子

モダニズム建築紀行
日本の戦前期・戦後1940～50年代の建築
2016年10月28日　第1刷発行

著者　松隈《まつくま》　洋《ひろし》
発行人　圖師尚幸
発行所　株式会社六耀社
〒136-0082
東京都江東区新木場2-2-1
TEL　03-5569-5491（代）
FAX　03-5569-5824
www.rikuyosha.co.jp/
印刷・製本　シナノ書籍印刷株式会社

ISBN978-4-89737-869-5
Printed in Japan
NDC521 240p 21.0cm